D1468475

Viva sin
PREOCUPACIONES

Escoja la paz en lugar
de la ansiedad

JOYCE MEYER

NEW YORK | BOSTON | NASHVILLE

FaithWords
Hachette Book Group
1290 Avenue of the Americas
New York, NY 10104
www.faithwords.com

Impreso en los Estados Unidos de América

WOR

Primera edición: Junio 2016

10 9 8 7 6 5 4 3 2

FaithWords es una división de
Hachette Book Group, Inc.
El nombre y el logotipo de FaithWords es una marca
registrada de Hachette Book Group, Inc.

International Standard Book Number:
978-1-4555-3815-7

CONTENIDO

PARTE 4
PUEDE CONFIAR EN LOS PLANES DE DIOS

PARTE 5
PUEDE DEPOSITAR EN ÉL TODA SU ANSIEDAD

INTRODUCCIÓN

¿Alguna vez se ha preocupado por cosas—o por una situación específica—de modo tal que haya perdido su capacidad de disfrutar de su vida cotidiana? ¿Alguna vez se ha sentido tan ansioso o nervioso por lo cual olvidara completamente cómo se siente vivir en paz? En caso de responder de manera afirmativa a alguna de estas preguntas, no se encuentra solo. Muchas personas luchan contra la preocupación y la ansiedad, ¡pero no tienen que hacerlo! Dios quiere que disfrutemos nuestras vidas y que vivamos en paz y reposo, echando toda nuestra ansiedad y preocupaciones sobre Él. He escrito este libro con el objetivo de ayudarle a que pueda hacerlo y que encuentre su camino hacia una vida libre de preocupaciones.

Para comenzar, veamos dos escrituras claves las cuales son de vital importancia para que comprendamos y vivamos de acuerdo con las mismas si deseamos tener una vida pacífica y tranquila:

> Por nada estéis afanosos; antes bien, en todo, mediante oración y súplica con acción de gracias, sean dadas a conocer vuestras peticiones delante de Dios. Y la paz de Dios, que sobrepasa todo entendimiento, guardará vuestros corazones y vuestras mentes en Cristo Jesús.
>
> Filipenses 4:6–7

Humillaos, pues, bajo la poderosa mano de Dios, para
que Él os exalte a su debido tiempo, echando toda
vuestra ansiedad sobre Él, porque Él tiene cuidado de
vosotros.

1 Pedro 5:6–7

Estos versículos nos garantizan que, para los cristianos, es posible tener paz y vivir sin preocupaciones está a nuestro alcance. De hecho, para los que
creen en Jesucristo, tener paz debería ser la condición normal en la cual vivimos nuestras vidas diarias.
No obstante, en la medida en que conozco y hablo
con las personas, me doy cuenta de que este no es
siempre el caso, por lo que espero que las siguientes
páginas lo ayuden a comprender y experimentar la
paz que Dios ha provisto para nosotros, la paz en la
cual Él desea que vivamos cada día.

Podemos ver en Filipenses 4:6–7 y en 1 Pedro 5:6–7
que Dios nos dice en su Palabra que "por nada estéis
afanosos" y que echemos toda nuestra ansiedad sobre
Él. Si bien las palabras de estas escrituras pueden so-
narnos familiares, no siempre sabemos cómo apli-
carlas en nuestras vidas de forma práctica. A menudo,
especialmente cuando una situación se vuelve muy
agobiante, solemos responder ante la misma como
lo haría el mundo, con ansiedad y temor, en vez de
responder conforme a la Palabra de Dios. Cuando
esto sucede, terminamos dando tumbos en nuestras circunstancias, preocupados y nerviosos, cuando

podríamos estar gozando de la vida abundante y la paz que Dios tiene para nosotros.

Sé por experiencia propia cómo es vivir en un estado de ansiedad y de confusión interior porque viví de esa forma por muchos años. ¡Hubo muchos días y semanas en los que no tenía paz en absoluto! Solo cuando comencé a estudiar la Palabra de Dios y a ponerla en práctica en mi vida fue cuando empecé a experimentar la paz, el gozo y el reposo de Dios. Aprendí que Dios no quiere que sus hijos vivan en frustración, perturbación, preocupación, ansiedad, temor ni confusión. Cuando permitimos que estas emociones nos atrapen, nos estamos perdiendo uno de los mayores dones que Dios tiene para ofrecernos, el don de su paz.

Antes de continuar, quisiera compartir con usted algo sobre mi transformación de ser una persona ansiosa y preocupada hasta alcanzar la paz y el reposo de Dios, ya que puede ayudarle a encontrar su camino hacia un nuevo nivel de paz. Cuando por primera vez comencé a vivir en la paz de Dios, aunque pudiera parecerle extraño, ¡estaba aburrida! Estaba tan acostumbrada a estar siempre involucrada en alguna clase de conmoción interior o confusión que no sabía qué hacer con la sensación de tranquilidad que vino a mi vida una vez que entré en la paz de Dios. Desde ya, puedo asegurarle que el aburrimiento fue temporario. Simplemente fue un ajuste que tuve que atravesar mientras dejaba atrás una vida de luchas, preocupaciones y conflictos y comenzaba a experimentar la paz que Dios tenía para mí. Ahora, no puedo soportar estar afanosa o ansiosa por algo. Amo, disfruto y aprecio de tal manera la paz de Dios la cual ha llenado cada área de mi vida. Diariamente, trabajo con el Espíritu Santo para mantener su paz en mi mente, en mis emociones, sobre mi familia, sobre mi ministerio y sobre todas las cosas.

Tengo días difíciles al igual que todos los demás, pero gracias a Dios ya no permito que me controlen. La paz que Dios me ha revelado está disponible para usted también.

PARTE 1

PUEDE ELEGIR TENER PAZ

CAPÍTULO 1

Tenga un corazón contento

Todos los días del afligido son difíciles; *Mas el de corazón contento tiene un banquete continuo.*
Proverbios 15:15, énfasis añadido

Una de las definiciones que el diccionario brinda para el término *afán* es: "estado de agitación: preocupación...temor anormal sin una causa específica" (*Webster's II New Riverside Desk Dictionary* [Boston: Houghton Mifflin Company, 1988], s.v. "anxiety" [afán]). Este sentimiento de agitación, conocido como afán, carece de precisión y su raíz no puede identificarse con facilidad. Es una sensación general de temor o miedo cuyo origen no podemos nombrar de manera específica. Solía con frecuencia sentirme de este modo. Sabía que tenía un problema, pero desconocía que tenía un nombre: afán.

Recuerdo una época de mi vida en particular cuando parecía estar inusualmente afectada por el afán. Me encontraba llena de temores por muchas cosas sin razón aparente. Era incapaz de librarme del temor de que algo malo iba a suceder, pero no sabía por qué. Finalmente, recurrí al Señor y le pregunté qué era lo que me estaba perturbando. Trajo a mi mente la expresión "mal presentimiento". En ese momento, no tenía idea de lo que aquellas palabras significaban o de dónde provenían.

Tiempo después, me encuentro con Proverbios 15:15, el cual dice: "Todos los días del afligido son difíciles; Mas el de corazón contento tiene un banquete continuo". En la medida en que comencé a estudiar esta escritura, llegué a entender que era igual a muchas otras personas. Estaba en búsqueda de algún problema importante sobre el origen de mi afán, algo grande que me haya estado impidiendo disfrutar de mi vida cotidiana. En realidad, era simplemente una persona tan exigente que creaba problemas en donde los problemas no tenían lugar.

Tenía el mal hábito de hacer un escándalo por nada, afanarme por cosas que no valían la pena preocuparse, o como dice el viejo refrán: hacía una montaña de un grano de arena. Finalmente, llegué al punto en donde me di cuenta de que permanecería ansiosa y preocupada todo el tiempo si no decidía cambiar. Si deseaba tener paz en mi vida, tenía que aprender a despojarme de ciertas cosas, olvidarlas y avanzar.

La Biblia nos enseña que la angustia trae una sensación de pesadez en la vida de una persona. De hecho, Proverbios 12:25 dice: "La congoja en el corazón del hombre lo abate; Mas la buena palabra lo alegra". Sin lugar a dudas, he experimentado el hecho de que la angustia nos abate y nos impide vivir una vida despreocupada y libre, y quizás a usted también le haya pasado. Por lo general, los afanes se convierten en una carga verdadera y nos impiden gozar de la vida y avanzar en los planes que Dios tiene para nosotros. Las personas que permiten que sus vidas se constituyan de preocupaciones por una cosa tras otra se ven imposibilitados a experimentar la paz y el gozo. La buena noticia es que podemos elegir. Podemos elegir estar preocupados o podemos elegir estar en paz. Gracias a Dios, no tenemos que vivir conforme a nuestros sentimientos, sino que podemos aprender a vivir por encina de estos o aprender a manejarlos.

La Palabra de Dios nos muestra que existe una fuerte conexión entre Jesús y la paz. Cuando lo elegimos a Él, el Príncipe de paz (vea Isaías 9:6), elegimos el camino de la paz. En Juan 14:1, Jesús dijo: "No se turbe vuestro corazón; creéis en Dios, creed también en mí".

Jesús también dijo en Juan 14:27:

La paz os dejo, mi paz os doy; yo no os la doy como el mundo la da. No se turbe vuestro corazón, ni tenga miedo.

Si analizamos Juan 14:1 y 27 juntos, el mensaje de Jesús es claro. En estos versículos, se asegura de que sepamos que podemos elegir sobre si permitimos o no que nuestro ser se turbe. Podemos controlar la manera en que respondemos ante las cosas que podrían turbarnos. Podemos elegir tener paz o vivir en aflicción. Podemos elegir permanecer calmados cuando las circunstancias amenazan nuestra sensación de bienestar o podemos elegir tranquilizarnos si algo nos está perturbando.

Quisiera rápidamente manifestar que si bien la paz de Dios nos pertenece como creyentes, la salvación no nos garantiza tener una vida sin problemas. Aún enfrentaremos problemas y atravesaremos momentos en nuestras vidas cuando las cosas no salen como quisiéramos. Jesús nos advierte sobre esto en Juan 16:33: "En el mundo tendréis aflicción; pero confiad, yo he vencido al mundo".

Jesús sabía que todas las cosas no nos irían exactamente según lo planeado en nuestro diario vivir, razón por la cual nos dice que tendremos aflicción. Sin embargo, Jesús también nos da una respuesta: "Pero confiad", o en el lenguaje actual: "¡Anímese!".

Jesús, quien vive dentro de aquellos que creen en Él, ha vencido al mundo y a las aflicciones que en él hay. ¡Esto es motivo suficiente para tener paz y confiar!

Una vez que comprendí este principio, cuando comenzaba a preocuparme por algo que no valía la pena, sentía que el Señor me recordaba: "Ten paz y confía. No seas tan extremista. ¡Relájate y disfruta de la vida!". Luego, me pondría a pensar: Oh, es verdad. *Se supone que debo disfrutar de mi vida. Puedo recibir el gozo a través de la salvación, y el Príncipe de paz, quien ha vencido al mundo, vive dentro de mí.*

Lo animo a que medite sobre Juan 14:1 y 27.

Comience a tomar la decisión consciente de elegir la paz por sobre el afán. Recuérdese a usted mismo tener paz y confianza. Si es como yo solía ser, el proceso de salir de la agitación emocional casi constante hacia un lugar tranquilo y apacible llevará algún tiempo. Sin embargo, puedo decirle por experiencia propia, que es posible si permanece comprometido. Vale la pena cualquier sacrificio por vivir en paz.

CAPÍTULO 2

Regocíjese cada día

*Éste es el día que hizo Jehová; Nos gozaremos y
alegraremos en él.*

Salmo 118:24

En el capítulo 1, mencioné una de las definiciones
de afán y ahora quisiera señalar una segunda definición. El término *afán* también significa "insegu-
ridad o inquietud por lo que puede llegar a suceder;
preocupación ante un posible hecho futuro" (*Webster's
New World College Dictionary*, 3° edición [Nueva York:
Macmillan, 1996], s.v. "anxiety" [afán]). Mientras es-
tudiaba y oraba sobre el afán con el que luché por
tanto tiempo, comencé también a pensar sobre el afán
en lo que respecta a mi definición personal: "El afanarse es un estado emocional que se experimenta
frente a situaciones que aún no han transcurrido o
ante situaciones pasadas". Esto quiere decir que podemos sentirnos afanosos cada vez que dejamos de
vivir el momento presente y permitimos que nuestros
pensamientos nos remonten a nuestro pasado, lo cual
puede producir sentimientos de ira, culpa o remordimiento; o permitimos que nos lleven hacia el futuro,

lo cual puede dar lugar a la ansiedad que proviene de la incertidumbre.

Cuando sentí por primera vez al Señor ayudándome a comprender el afán como lo acabo de definir, comencé a tratar de ser menos obsesiva y disfrutar de la vida. Como todos, todavía tengo problemas, y a pesar de que al principio pude haberme sentido molesta o frustrada, he aprendido a no permanecer preocupada por los mismos. 1 Pedro 5:8 afirma que debemos ser sobrios y mantenernos constantemente alerta, porque nuestro enemigo el diablo, busca a quien devorar. Podemos reconocer y resistir la preocupación, la ansiedad y el descontento.

Muchas situaciones graves suceden en el mundo, y necesitamos ser conscientes y estar preparados. Al mismo tiempo, debemos aprender a relajarnos y tomar las cosas con calma en la medida en que surjan, sin nerviosismo ni temor. A pesar de las dificultades que puedan presentarse a nuestro alrededor, podemos aprender a abrazar cada día, confesar y creer que "Éste es el día que hizo Jehová; Nos gozaremos y alegraremos en él" (Salmo 118:24).

Muchas veces, las personas omiten la primera palabra del Salmo 118:24: "Éste". Cuando el salmista escribe: "*Éste es el día* que hizo Jehová..." (énfasis añadido), nos está animando a abrazar y a disfrutar del momento presente. Con frecuencia, posponemos el estar gozosos y alegres hasta que determinadas circunstancias sean perfectas. La realidad es que la perfección no existe en esta vida; siempre esperaremos y oraremos por algo más.

Si decidimos esperar hasta que creamos que todo en nuestras vidas sea perfecto antes de regocijarnos, nos perderemos muchas de las bendiciones y del gozo que Dios tiene para nosotros. Debemos aprender a gozarnos cada día y en cada momento. Aun cuando las circunstancias sean difíciles, si podemos gozarnos y estar agradecidos por "este", sin importar la situación que sea, creceremos en una madurez espiritual y seremos personas más felices y con mayor paz.

Un grupo de personas que a menudo dice: "Voy a ser tan feliz cuando…" son los padres primerizos. He escuchado esta frase muchas veces. Piense, por ejemplo, en los padres hipotéticos de un hijo recién nacido. Están abrumados por las necesidades de la criatura, así que posponen disfrutar de su hijo hasta que alcance cierta etapa de su crecimiento. Cuando es un bebé, suelen decir: "¡Vamos a ser tan felices cuando deje de usar pañales!" "Vamos a ser tan felices cuando pueda alimentarse por sus medios". Luego, algunos años más tarde, dicen: "Vamos a ser tan felices cuando vaya al jardín de infantes". Pronto se convierte en "Vamos a ser tan felices cuando comience la escuela". Transcurridos varios años, los padres dicen: "Vamos a ser tan felices cuando finalmente aprenda a conducir, así no nos pasamos todo el tiempo llevándolo a lugares". Luego dicen: "Realmente vamos a ser felices cuando se gradúe". Posteriormente, el niño, quien ahora es un jovencito, se gradúa y se marcha de su hogar. Los padres pasaron tantos años esperando por ciertos logros que se perdieron de disfrutar cada etapa única de la vida de su hijo. Siempre esperaban un *cuando*, y se perdieron de alegrarse en *este*.

Ciertamente, puedo identificarme con este modo de pensar: *Seré feliz cuando...* Cuando comencé por primera vez en el ministerio, tenía grandes sueños y pequeños servicios. En aquellos días, cuando solo unas cincuenta personas asistían a nuestros servicios, solía decir: "Voy a estar tan contenta cuando tenga cientos de personas en mis servicios". Con el tiempo, aprendí que la felicidad verdadera no depende de eso. También descubrí que cada etapa del desarrollo o crecimiento viene con sus propios problemas. Debía aprender a abrazar cada etapa de mi ministerio, sin importar cuántas personas asistieran.

Finalmente, he aprendido a contentarme en cada etapa y por cada logro a lo largo del camino del ministerio del que gozo hoy. Años atrás, tuve una revelación cuando el Señor me ayudó a entender en verdad el Salmo 16:11: "Me mostrarás la senda de la vida; En tu presencia hay plenitud de gozo; Delicias a tu diestra para siempre". El verdadero gozo viene por buscar el rostro de Dios (su presencia). Un dicho conocido nos dice que debemos buscar el rostro de Dios y no sus favores (las cosas que Él pueda hacer por nosotros). Este es un consejo excelente.

Para poder vivir en la plenitud del gozo del

Señor, debemos encontrar algo más allá de nuestras circunstancias presentes sobre el cual basar nuestro gozo y alegría. El mundo está lleno de personas y situaciones que nunca nos agradarán. Aun aquellas personas o cosas que sí nos agradan pueden complacernos solo por un corto período. Tarde o temprano— incluso los cristianos—pueden decepcionarnos o fallarnos, y las circunstancias volverse en contra de nosotros. Es por ello por lo cual nuestra felicidad y gozo no deben provenir de las circunstancias que nos rodean, sino del Espíritu del Señor quien vive en nosotros. Debemos aprender a no estar afanosos o ansiosos, antes bien, dar gracias a Dios en todo (vea 1 Tesalonicenses 5:18). Esta es una forma grandiosa para dejar de preocuparnos y comenzar a gozar de la paz.

Siempre tendremos oportunidades para estar afanosos e impacientes. El enemigo se encargará de ello porque sabe que la congoja en el corazón del hombre lo abate (vea Proverbios 12:25), como mencioné en el capítulo 1. Cuando este trate de hacernos sentir ansiosos o preocupados, podemos echar toda nuestra ansiedad sobre el Señor con oración y con acción de gracias, dando a conocer nuestras peticiones delante de Él (vea 1 Pedro 5:7; Filipenses 4:6–7). Entonces, la paz de Dios, que sobrepasa todo entendimiento, guardará nuestros corazones y nuestros pensamientos en Cristo Jesús (vea Filipenses 4:7).

Las personas que creen que serán felices cuando

Dios les conceda algún deseo en particular, podrán regocijarse cuando obtengan aquello que deseaban, pero por lo general no pasará mucho tiempo hasta que una vez más no puedan contentarse hasta que Dios haga algo más por ellos. Entonces, se sienten ansiosos por su siguiente petición y pueden pasar toda su vida esperando por un próximo momento para alegrarse, sin poder experimentar la paz que nos es dada cada día. El Salmo 118:24 nos enseña que *hoy* es el día para gozarse y alegrarse, sin importar las circunstancias actuales o aquello que esperamos que suceda mañana, la semana siguiente, el mes siguiente o el próximo año.

CAPÍTULO 3

No se afane, busque a Dios

Por tanto os digo: No os afanéis por vuestra vida, qué habéis de comer o qué habéis de beber; ni por vuestro cuerpo, qué habéis de vestir. ¿No es la vida más que el alimento, y el cuerpo más que el vestido?... Mas buscad primeramente el reino de Dios y su justicia, y todas estas cosas os serán añadidas.

Mateo 6:25, 33

Mateo 6:25–33 es un hermoso pasaje de la Escritura en el cual Jesús nos habla sobre la futilidad de la preocupación y de la ansiedad. Cada vez que nos veamos tentados a afanarnos o a estar ansiosos, especialmente en lo que respecta a la provisión de nuestras necesidades diarias, podemos encontrar ayuda y ánimo si leemos y estudiamos estos versículos.

En el versículo 25, Jesús nos manda específicamente a no afanarnos. El hecho de que nos haya dado tal instrucción específica es razón suficiente para dejar de torturarnos con pensamientos y sentimientos negativos. Cuando tomamos ese camino, no solo nos estamos haciendo daño, sino que también estamos ignorando una de las formas en la que Jesús nos dice que debemos vivir.

En Mateo 6:26–29, inmediatamente después de que Jesús dijo que no nos preocupemos todo el tiempo, nos brinda un ejemplo poderoso sobre lo que significa vivir sin afanes sobre nuestras necesidades diarias:

Mirad las aves del cielo, que no siembran, ni siegan, ni recogen en graneros; y vuestro Padre celestial las alimenta. ¿No valéis vosotros mucho más que ellas? ¿Y quién de vosotros podrá, por mucho que se afane, añadir a su estatura un codo? Y por el vestido, ¿por qué os afanáis? Considerad los lirios del campo, cómo crecen: no trabajan ni hilan; pero os digo, que ni aun Salomón con toda su gloria se vistió así como uno de ellos.

Permítame preguntarle: ¿Alguna vez ha visto a las aves sufrir un colapso nervioso o a las flores marchitarse a causa de la preocupación? ¡Por supuesto que no! Las aves y las flores no se afanan por sus necesidades. Del mismo modo que Dios alimenta a las aves del cielo y viste a las flores del campo, también proveerá para aquellos que ponen su fe en Él. Podemos confiar en Él ante cada necesidad.

En Mateo 6:30, Jesús continúa diciendo: "Y si la hierba del campo que hoy es, y mañana se echa en el horno, Dios la viste así, ¿no hará mucho más a vosotros, hombres de poca fe?". Piense en esto. Usted es mucho más valioso para Dios que la hierba, y aun así, Él cuida de ella. ¿Cuánto más cuidará de usted, su hija o hijo amado?

Mientras Jesús continúa su enseñanza, Mateo 6:31–32 dice:

No os afanéis, pues, diciendo: ¿Qué comeremos, o qué beberemos, o qué vestiremos? Porque los gentiles buscan todas estas cosas; pero vuestro Padre celestial sabe que tenéis necesidad de todas estas cosas.

Podemos tener esperanza, paz y confianza en el hecho de que Dios sabe con exactitud lo que necesitamos, y Él promete ser nuestro proveedor. Si tomamos en serio el pasaje de Mateo 6:25–32 y creemos las verdades que se encuentran allí, nos daremos cuenta de que en verdad no tenemos razón alguna para preocuparnos por nada.

No obstante, Jesús no se detiene simplemente al decir que no nos afanemos y al asegurarse de que sepamos que Dios proveerá ante nuestras necesidades. Continúa diciéndonos cómo usar la energía invertida en estar ansiosos. En vez de estar afanosos, Él nos dice: "Mas buscad primeramente el reino de Dios y su justicia, y todas estas cosas os serán añadidas" (Mateo 6:33).

Buscar primeramente el reino de Dios es la clave para vivir en la paz del Señor. Buscar el reino de Dios simplemente significa que debemos buscar conocer a Dios y sus caminos. Debemos buscar su reino y su justicia por sobre las demás cosas, y entonces todo aquello que necesitamos nos será también añadido. En otras palabras, una de las razones por la que nos preocupamos y nos inquietamos y vivimos en temor y ansiedad se debe al simple hecho de que nuestras prioridades están desordenadas. Buscamos nuestra seguridad en las cosas de este mundo, en vez de buscar a Dios quien creó este mundo. Dios suple las necesidades de cada cosa creada, ¡incluyéndolo a usted y a mí! Como creyentes, debemos buscarle a Él y no buscar suplir nuestras necesidades. Si le buscamos primeramente a Él, nos ha prometido proveer ante cada necesidad, abrir las puertas de las oportunidades que tiene para nosotros y darnos la seguridad que necesitamos.

Durante años, Dave y yo vivimos con un presupuesto extremadamente ajustado y me pasaba horas orando y buscando a Dios por sus bendiciones financieras. En ese tiempo, a pesar de que podíamos haber usado dinero extra, no me percataba de que tenía necesidades aún mayores que mis necesidades materiales. Necesitaba aprender a caminar en amor y a reflejar los frutos del Espíritu. Necesitaba ser librada del egoísmo, la terquedad, la independencia y de muchas otras cosas. Esas eran las cosas que debí haber buscado, confiando al mismo tiempo que Dios añadiría todas las demás cosas.

A través de esa situación, aprendí que Dios quería que creyera que Él nos bendeciría, pero no quería que pasara más tiempo orando por provisión financiera de lo que pasaba buscándole a Él. Al orar continuamente por algo que no era su voluntad para mí en ese momento, todo lo que estaba haciendo era frenar mi propio crecimiento espiritual. Una vez que comencé a buscar a Dios por sobre todas las cosas y a confiar en que Él es quien suple mis necesidades, me di cuenta de que siempre nos proveía exactamente lo que necesitábamos cuando lo necesitábamos. No siempre me daba lo que *quería*, pero sí cubría mis necesidades.

A medida que crecí espiritualmente, comencé a valorar el buscarle a Él por sobre todas las cosas, y comencé a recibir toda clase de bendiciones.

A menudo, solemos pasar más tiempo orando por provisiones o por otros bienes materiales de lo que pasamos buscando a Dios. En ninguna parte de la Biblia se nos instruye a invertir nuestro tiempo y nuestra energía en buscar el compañero perfecto, la casa ideal, posesiones, o una carrera o un ministerio exitoso. En cambio, a través de la Biblia, tanto en el Nuevo como en el Antiguo Testamento, somos simplemente instruidos a buscar al Señor, a confiar en que Él suplirá nuestras necesidades diarias y todas las demás cosas que Él sabe que tenemos necesidad, de acuerdo con su plan y tiempo divino para nuestras vidas. "Deléitate asimismo en Jehová, Y él te concederá las peticiones de tu corazón" (Salmo 37:4).

CAPÍTULO 4

Disfrute de su vida diaria

La paz os dejo, mi paz os doy; yo no os la doy como
el mundo la da...

Juan 14:27

Cuando Jesús dijo en Juan 14:27 que nos da paz,
también dijo que no nos la da "como el mundo la
da". Como creyentes, ya no debemos vivir conforme
a las normas y valores de este mundo; debemos vivir
según las prioridades del reino de Dios. Jesús dijo en
Lucas 17:21: "...he aquí el reino de Dios está entre
vosotros". Esto es verdad para todos los creyentes.

En Romanos 14:17, el apóstol Pablo explica qué es
el reino de Dios: "Porque el reino de Dios no es comida ni bebida, sino justicia, paz y gozo en el Espíritu
Santo". Estas cualidades—justicia, paz y gozo—constituyen características de la vida en el reino, una vida
que está a disposición de todos los creyentes. No se
me ocurre una manera mejor de disfrutar de nuestra
vida diaria que gozar del estilo de vida del reino de
Dios, al enfocarnos en la justicia, la paz y el gozo.

Cuando meditamos en la palabra *justicia*, puede
sonar como algo que nunca podremos alcanzar. Afor-
tunadamente, no es algo por lo que tengamos que

trabajar o que podamos ganar; sino que es un don de Dios. 2 Corintios 5:21 afirma:

Al que no conoció pecado, por nosotros lo hizo pecado, para que nosotros fuésemos hechos justicia de Dios en él.

Si Jesús es nuestro Señor y Salvador, podemos estar confiados de que nos ha hecho justicia delante de Dios. Vivir en el reino de Dios significa ser conscientes de la justicia que Cristo nos ha atribuido. Dicho de otro modo, Jesús nos ha hecho aceptos ante Dios.

A causa de nuestra relación personal con Dios a través de Jesucristo, no solo fuimos hechos justicia, sino que también nos ha dado acceso a la paz y al gozo, los cuales se mencionan en Gálatas 5:22–23 como dos de los frutos del Espíritu Santo. Si bien siempre podremos recibir el gozo y la paz a través del Espíritu Santo, estas cualidades se desarrollan en nosotros en la medida en que continuamos construyendo y creciendo en nuestra relación personal con el Señor. Salmo 16:11 nos enseña que en la presencia de Dios hay "plenitud de gozo". La Biblia también nos enseña, en Efesios 2:14 y en Juan 14:23, que Jesús es nuestra paz y mora en nuestros corazones. En la medida en que atravesamos cada día, conscientes de la justicia, de la paz y del gozo que tenemos en Cristo, nos encontraremos más y más capaces de relajarnos y de disfrutar de nuestra vida diaria.

La realidad es que, si bien estamos en Cristo,

también vivimos en un mundo caído. Nos enfrentamos a toda clase de situaciones que tratan de robarnos la paz y el gozo—relaciones complicadas, circunstancias desafiantes y el enemigo de nuestras almas, quien constantemente busca destruirnos y devorarnos— (vea 1 Pedro 5:8). Los ataques del enemigo no siempre son evidentes o drásticos. Por lo general, somos atacados por el enemigo al ponernos tensos, al atar nuestras emociones y al causarnos preocupaciones, afanes o hacernos sentir turbados e inquietos. Él sabe que estos pensamientos negativos nos distraerán de todas las cosas buenas que Dios nos ha dado y que está haciendo en nuestras vidas. El enemigo sabe que en tanto no estemos prestando atención a la bondad de Dios en nuestras vidas, no gozaremos por completo de nuestra relación con el Señor y de la vida abundante por la cual Jesús murió para que tengamos (vea Juan 10:10). Siempre debemos magnificar la benignidad de Dios en nuestras vidas por encima de cualquier dificultad que podamos experimentar.

Hace varios años, deseaba con desesperación vivir en paz y disfrutar de mi vida diaria, pero parecía no poder lograrlo. En mi caso, tenía muchas ataduras del pasado, las cuales aún necesitaba tratar, y todavía no había aprendido a confiar plenamente en Dios. Tenía muchas responsabilidades y me encontraba sin poder descansar ni gozar de la vida. Otras personas no logran disfrutar de sus vidas cotidianas por otras razones. Algunos se sienten demasiado ansiosos por cosas pequeñas o demasiado temerosos por cosas grandes; otros están demasiado ocupados y estresados; incluso otros se encuentran atrapados en la culpa y el remordimiento de sus pasados o en fortalezas negativas que les impiden ser felices, aun cuando la felicidad está a su disposición.

En mis tiempos de lucha, pude haber disfrutado de mi vida. A pesar de tener una hermosa familia; no la disfrutaba porque quería que se comportaran de cierto modo. Estaba tan ocupada tratando de que cambiaran y de convertirlos en las personas que yo quería que fueran, que a menudo les impedía gozar de sus vidas cuando yo no disfrutaba de la mía. Con los años he aprendido que muchas personas son bendecidas con familias grandiosas, pero no pueden disfrutarlas porque continuamente tratan de cambiarlos, en vez de confiar en que Dios es poderoso para hacer cualquier cambio que sea necesario. Medite en esto. ¿Existe alguien en su vida a quien esté tratando de cambiar? Puedo decirle desde mi propia experiencia que no funcionará. Solo Dios puede traer convicción de pecado y convencer a las personas para que caminen en rectitud. Ore y luego espere en Dios, para que haga lo que solo Él puede hacer.

También tenía un hermoso hogar, pero no lo disfrutaba. Lo mantenía inmaculadamente limpio y todo en su lugar. Estaba tan determinada a mantenerlo ordenado y limpio que realmente no lo disfrutaba y tampoco dejaba que otros se relajen y lo disfruten. Mis hijos eran pequeños en aquel entonces y tenían algunos juguetes en verdad bonitos, pero no podían jugar con ellos porque no quería ver los juguetes desparramados por todo el piso. Nunca quería sacar los juguetes, sentarme en el piso y jugar con los niños. Esta actitud provenía en parte a que fui abusada durante mi niñez y nunca tuve realmente la oportunidad de comportarme como una niña. Si bien gran parte de mi deseo por controlar todo a mi alrededor se derivaba de mi pasado, me di cuenta de que otras personas pierden la oportunidad de gozar de sus hogares por otras razones. He descubierto que si alguien está descontento con sí mismo, por lo general culpan a las circunstancias y a las personas que lo rodean. La libertad requiere que enfrentemos a la verdad (vea Juan 8:32).

Antes de poder disfrutar de mi hogar y de todas las demás bendiciones que Dios me había provisto, tuve que aprender a contentarme conmigo misma, y recomiendo a todo aquel que lucha con alguna imposibilidad de relajarse y de disfrutar de su vida pueda hacer lo mismo.

Ya no vivo en el pasado ni permito que afecte mi felicidad en el presente, pero sé que hubo un tiempo cuando perdí muchas oportunidades de disfrutar de mi vida diaria. Si se siente identificado con esto, permítame darle esperanza al decirle que si yo pude aprender a contentarme y a disfrutar de mi vida, ¡cualquiera puede!

Si puede identificarse con la obsesión que me impedía disfrutar de mi vida en diversos niveles o si no está disfrutando de su vida por alguna otra razón, lo animo a recordar que el reino de Dios no se trata de tener todos los bienes que queremos o los hijos perfectos o un hogar inmaculado. El reino de Dios es justicia, paz y gozo en el Espíritu Santo. Cuando las cosas correctas se conviertan en sus prioridades, se encontrará a sí mismo mucho menos preocupado por las cosas pequeñas que puedan molestarlo cada día y será mucho más capaz de disfrutar de su vida y bendiciones cotidianas.

CAPÍTULO 5

Cómo vencer tres causales de ansiedad

Muchas son las aflicciones del justo, pero de todas ellas le librará Jehová.

Salmo 34:19

El Salmo 34:19 deja en claro que "muchas son las aflicciones" de aquel que consistentemente practica la justicia. Cuando estamos en Cristo, somos hechos justicia (vea 2 Corintios 5:21), por tanto, sabemos que vamos a enfrentar desafíos y dificultades. Podemos tener muchas razones específicas para estar afanosos; no obstante, creo que la ansiedad proviene principalmente de una de estas tres categorías generales: el pasado y el futuro, conversaciones improductivas y confrontaciones, y los deberes y obligaciones de la vida cotidiana.

El pasado y el futuro

Como mencioné en el capítulo 2, mi definición personal del término *ansiedad* responde al modo en que nos sentimos cuando mentalmente nos apartamos del momento presente y comenzamos a pensar sobre un aspecto del pasado o del futuro.

Para ser creyentes maduros, debemos comprender que Dios quiere que seamos personas del "hoy", personas que se enfocan en vivir en el presente. Todos nosotros vivimos en el "hoy" físicamente, pero a menudo permitimos que nuestras mentes nos remonten a los remordimientos del pasado o nos lleven a las cosas que podrían preocuparnos en el futuro. Debemos aprender a vivir en el presente, no solo físicamente, sino también a nivel mental y espiritual.

A modo de ejemplo, recuerdo un momento cuando me encontraba cepillándome los dientes. De pronto, me di cuenta de que debía darme prisa y comencé a sentirme tensa. Si bien físicamente estaba haciendo una cosa, mentalmente ya había pasado a la siguiente cosa que había planeado hacer. Estaba tratando de apurar aquello que debía hacer en el presente para entrar en el futuro. ¡No me sorprende por qué luchaba con la ansiedad! Creo que mentalmente siempre vivía un paso adelantada.

También recuerdo muchos días cuando era un ama de casa joven y terminaba cada día frustrada tratando de que mi esposo fuera a trabajar y que mis hijos se levantaran de la cama para asistir a la escuela. En aquellos tiempos, pasaba mucho tiempo frustrada a raíz de todos los quehaceres que tenía que hacer cada día. Como resultado, nunca podía concentrarme en una tarea por mucho tiempo porque solía avanzar en las demás cosas en mi mente.

Cuando me encontraba por la mitad de algún quehacer, me daba cuenta de que había dejado algo más sin hacer. Así que solía detenerme para atender aquello que había venido a mi mente y no terminaba la primera tarea que estaba haciendo. Al final del día, me encontraba en un peor estado mental, emocional y físico del que había estado cuando comencé aquella mañana. Toda clase de tareas se encontraba a medio hacer, y me sentía completamente frustrada, estresada y agotada. Por encima de esos sentimientos negativos, se sentía también preocupada de que el mismo proceso se repitiera al día siguiente, y por lo general sucedía.

Me fue difícil ser ama de casa y madre porque descuidé prestar atención y poner mi energía en una cosa a la vez. Finalmente, llegué a la conclusión de que una de las razones principales por la que encontramos tan difícil concentrarnos en una cosa a la vez es porque nuestros pensamientos tienden a desviarse hacia el pasado o el futuro, en vez de permanecer en el presente. ¡Aprender a vivir cada día nos libera de mucho estrés!

Eclesiastés 5:1 dice: "Cuando fueres a la casa de Dios, guarda tu pie…". En otras palabras, debemos estar concentrados cuando andamos por la vida. Necesitamos aprender a prestar completa atención a lo que estamos haciendo. De no hacerlo, terminaremos afanados y preocupados porque nuestras mentes estarán continuamente pensando en el ayer o en el mañana, cuando deberíamos vivir el presente.

No debemos afanarnos por el día de mañana, porque el día de mañana traerá su propio afán (vea Mateo 6:34). Debemos prestar plena atención a nuestro hoy y aprender a descansar y a disfrutar del presente. Podemos arruinar el hoy al preocuparnos sobre el pasado o el futuro, por los cuales nada podemos hacer. Rehusémonos a desperdiciar nuestro "hoy", porque nunca más regresará.

La próxima vez que se sienta tentado a sentirse ansioso o preocupado por alguna situación, especialmente por algo del pasado o del futuro, deténgase a pensar en lo que está haciendo en ese preciso momento. Vuelva sus pensamientos hacia lo que está aconteciendo hoy. Podemos aprender del pasado y ser sabios al prepararnos para el futuro, pero necesitamos *vivir* en el presente.

Conversaciones y confrontaciones

Pasé muchos años de mi vida ensayando mentalmente qué les diría a las personas ante ciertas situaciones. Imaginaba qué me dirían y luego trataba de pensar sobre cuál sería mi respuesta. En mi cabeza, practicaba aquellas conversaciones imaginarias una y otra vez. Todos estos pensamientos dando vueltas en mi cabeza me causaban mucha ansiedad.

Tal vez, usted también mantuvo conversaciones en su cabeza. Por ejemplo, quizás haya imaginado cómo se desarrollaría su conversación con su jefe si le llegara a pedir un aumento o le pidiera algunos días libres para ocuparse de alguna necesidad en particular. La gente imagina toda clase de conversaciones con otros, y si son negativas, pueden provocarle mucha tensión.

Cuando las personas se sienten ansiosas al tratar con otras personas, puede ser una señal de que crean que el resultado de la conversación depende de ellos y de su capacidad, en vez del Espíritu Santo y de su capacidad. Jesús les dijo a sus discípulos que enfrentarán oposición por predicar el evangelio, pero cuando eso suceda, el Espíritu Santo hablará a través de ellos (vea Marcos 13:9–11). Esto también es verdad para nosotros hoy. No necesitamos estar preparados para entablar ciertas conversaciones, porque si las ensayamos con exceso, podemos terminar confiando en nosotros mismos y olvidar depositar nuestra confianza en el Espíritu Santo. Cuando dependemos plenamente de Dios, Él resolverá cada situación. En la medida en que confiemos en Él, podemos mantener la paz.

Los deberes y obligaciones de la vida cotidiana

Seguramente recuerde la historia del Nuevo Testamento de las dos hermanas, Marta y María (vea

Lucas 10:38–42). Cuando Jesús visitó su casa, Marta se encontraba molesta y distraída porque ella estaba sumamente ocupada y preocupada, mientras que María se encontraba sentada felizmente a los pies de Jesús, gozando de su presencia y comunión.

Puedo imaginarme a Marta en esta escena. Estoy segura de que en cuanto oyó que Jesús iría a su casa, comenzó a correr tras los quehaceres, la limpieza y el lustrado, tratando de tener la casa y la comida preparadas para su visita. La razón por la cual puedo visualizar a Marta en estas circunstancias con tanta facilidad se debe a que solía ser igual que ella.

Una vez, mi esposo Dave y yo habíamos invitado a algunos amigos a nuestro hogar para una simple parrillada. En vez de disfrutar del proceso de preparación y de esperar deseosamente pasar tiempo con amigos en una comida, convertí lo que debió haber sido un simple encuentro en una megaproducción. En ese tiempo, el Señor me mostró que no podía realmente disfrutar de mi vida porque hacía que todo fuera complicado.

Una simple parrillada con amigos se convirtió en una odisea, y todo porque padecía del "síndrome de Marta". Tenía la palabra Marta escrita en todo mi cuerpo. Necesitaba aprender a ser más como María. En vez de estar afanada y turbada, debía aprender a simplificar mis planes, aligerar la carga, relajarme y disfrutar de la vida.

Todos nosotros tenemos tareas y responsabilidades

que cumplir cada día. Podemos elegir ser como Marta, nerviosa y molesta o podemos ser como María, pacífica y gozando de la presencia del Señor.

Cada vez que empezamos a sentirnos ansiosos, ya sea por algo del pasado o del futuro, una conversación venidera o algún tipo de obligación o responsabilidad, debemos recordar que Dios está siempre con nosotros. Podemos confiar en la ayuda del Espíritu Santo ante cada situación, y podemos descansar y gozarnos en la presencia de Dios, en su paz y en su gozo en nuestras vidas diarias.

PARTE 2

PUEDE CONFIAR EN EL SEÑOR

CAPÍTULO 6

Dos fuentes de fortaleza

Así ha dicho Jehová: Maldito el varón que confía en el hombre, y pone carne por su brazo, y su corazón se aparta de Jehová... Bendito el varón que confía en Jehová, y cuya confianza es Jehová.

Jeremías 17:5, 7

Cada vez que enfrentamos dificultades u obstáculos en nuestras vidas, tenemos una elección. Podemos decidir si queremos recurrir a nuestras propias fuerzas o a las del Señor. La Biblia hace referencia a dos "brazos", haciendo alusión a dos fuentes de fortaleza: el brazo de la carne, el cual representan el esfuerzo y la fuerza del hombre y el brazo del Señor, el cual representa la fortaleza y el poder de Dios (vea Salmo 89:13, 21). El brazo de la carne tiene su origen en nuestra naturaleza terrenal y se basa en las ideas y esfuerzos humanos; el brazo del Señor radica en el Espíritu del Señor y se basa en el plan y el poder de Dios. Estas dos fuentes de fortaleza están en contraste directo entre sí, y conducirán nuestras vidas hacia destinos sumamente diferentes.

El profeta Jeremías describe a una persona quien confía en el brazo de la carne:

Será como la retama en el desierto, y no verá cuando viene el bien, sino que morará en los sequedales en el desierto, en tierra despoblada y deshabitada.

Jeremías 17:6

Compare la descripción de esa persona con aquel que la Biblia dice que confió en el Señor:

Porque será como el árbol plantado junto a las aguas, que junto a la corriente echará sus raíces, y no verá cuando viene el calor, sino que su hoja estará verde; y en el año de sequía no se fatigará, ni dejará de dar fruto.

Jeremías 17:8

Muchas personas pueden sentirse preocupadas cada día, infelices por razones que parecerían no poder comprender ni identificar. A menudo, la causa se debe simplemente a que tratan de operar de acuerdo con el brazo frágil de la carne en vez de poner su confianza en el brazo fuerte del Señor. Cuando dependemos de la carne y tratamos de obtener logros por nuestra propia fuerza—teniendo nuestras propias ideas y usando nuestra energía natural para hacer que funcionen—terminamos frustrados y confundidos. No obstante, cuando confiamos en el brazo del Señor—buscando su voluntad y dependiendo de su gracia para ayudarnos a ver el camino—terminamos complacidos y llenos del gozo por lo que Él ha hecho por nosotros.

En Filipenses 3:3, Pablo escribe una palabra

poderosa sobre no depositar nuestra confianza en la carne: "Porque nosotros..., los que en espíritu servimos a Dios y nos gloriamos en Cristo Jesús, no teniendo confianza en la carne". La carne siempre nos fallará, mas el Señor siempre estará con nosotros a través de cualquier situación para darnos la victoria. Separados de Él nada podemos hacer (vea Juan 15:5), pero en Él todo lo puedo (vea Fil. 4:13).

La Biblia nos enseña acerca de dos pactos: el antiguo pacto, o el pacto de las obras y el nuevo pacto, o el pacto de la gracia. El pacto de las obras representa el brazo de la carne, mientras que el pacto de la gracia representa el brazo del Señor.

El antiguo pacto de las obras se basa en el esfuerzo humano, mientras que el nuevo pacto de la gracia se origina en el poderío divino de Dios. Un pacto lleva a esclavitud; el otro trae libertad. Uno de ellos da lugar a la carnalidad; el otro da a luz las obras del Espíritu. El pacto de las obras depende de la ley; mientras que el pacto de la gracia depende de la fe.

El pacto de las obras depende de la fuerza del hombre, cuando uno trata de hacer todo por su cuenta, luchar, esforzarse y trabajar para agradar a Dios. El vivir según este pacto le robará el gozo y la paz. ¡No se trata de otra cosa que no sean obras, obras y más obras!

El pacto de la gracia no se basa en lo que la gente puede hacer, sino en lo que Cristo ya ha hecho. Al guardar este pacto, no somos justificados por nuestras obras o nuestros esfuerzos por ser justos, sino por nuestra fe y confianza en Cristo. Esto nos aligera de la presión de siempre estar trabajando. Conforme al pacto de la gracia, podemos renunciar a nuestros esfuerzos humanos y descansar en la capacidad que Dios tiene para obrar a través de nosotros por medio del poder de su Espíritu Santo que mora en nosotros.

Al guardar el primer pacto, nos fatigamos tratando de hacer que las cosas sucedan por nuestras fuerzas. Si guardamos el segundo pacto, entramos en el descanso de Dios y dependemos de Él para que haga por nosotros aquello que no podemos hacer por nuestros propios medios. A fin de cumplir con el viejo pacto, debemos estar llenos de un celo por la carne; mientras que para cumplir con el nuevo pacto, debemos estar llenos de Dios.

Todos buscamos una fuente de fortaleza. Usted y yo podemos confiar en el brazo de la carne y vivir según el pacto de las obras, o podemos apoyarnos en el brazo del Señor y confiar en el pacto de la gracia. Podemos pasar el resto de nuestras vidas tratando de ocuparnos de nosotros mismos o podemos permitirle a Dios que se ocupe de nosotros en la medida en que ponemos nuestra fe y confianza en Él.

Colosenses 1:4 nos brinda una gran visión sobre lo que significa la fe: "Habiendo oído de vuestra fe en Cristo Jesús, y del amor que tenéis a todos los santos". Como parte de nuestro estilo de vida como creyentes conforme al nuevo pacto, debemos hacer aquello que

Dios nos dice que hagamos en fe, en vez de tratar de averiguar por nuestra cuenta cómo resolver nuestros problemas y cómo alcanzar nuestros objetivos.

Como creyentes, debemos confiar completamente en el brazo del Señor y no en el brazo de la carne. Confiar en el brazo del Señor significa apoyar todo nuestro ser en Dios, y creer que solo Él puede hacer por nosotros lo que necesitamos. Nuestra única tarea es permanecer en Él, depender de Él planamente y completamente, poner nuestra fe y nuestra confianza en Él. El brazo del Señor constituye la única fuente de fortaleza que nos guiará a la paz y a las bendiciones.

CAPÍTULO 7

La gracia de Dios
disipa la frustración

En lo cual vosotros os alegráis, aunque ahora por un poco de tiempo, si es necesario, tengáis que ser afligidos en diversas pruebas, para que sometida a prueba vuestra fe, mucho más preciosa que el oro, el cual aunque perecedero se prueba con fuego, sea hallada en alabanza, gloria y honra cuando sea manifestado Jesucristo, a quien amáis sin haberle visto, en quien creyendo, aunque ahora no lo veáis, os alegráis con gozo inefable y glorioso.

1 Pedro 1:6–8

A veces, las personas dicen que no tienen gozo en sus vidas porque se encuentran atravesando ciertos problemas. Puedo comprender por qué se sienten de ese modo, pero no creo que los problemas tengan que causar la falta de paz y gozo, porque 1 Pedro 1:6–8 dice que podemos alegrarnos con gozo inefable y glorioso cuando tengamos que ser afligidos en diversas pruebas. Si podemos experimentarlo cuando pasamos por pruebas y tribulaciones, ciertamente podemos experimentar estas bendiciones en las circunstancias de todos los días. A nadie le gusta tener problemas, pero con Cristo, no tenemos que permitir que estos controlen nuestras actitudes y acciones.

Si no se encuentra disfrutando del tipo de gozo que se describe en 1 Pedro 1:6−8, debemos preguntarnos por qué. En lo personal, no tenía gozo a pesar de mis circunstancias externas, hasta que descubrí el significado del pacto de la gracia o confié en el brazo del Señor, el cual describí en el capítulo 6. Pude recibir las bendiciones del pacto de la gracia, como pueden hacerlo todos los creyentes, pero no sabía cómo vivir en ellas. Mientras vivamos en la ignorancia o descuidemos las bendiciones que nos pertenecen conforme al pacto de la gracia, viviremos en la frustración de las obras.

Si bien la gracia es para todos los creyentes, no nos beneficiará si no la recibimos. No solo Dios nos ha dado gracia, sino que también nos ha enviado a su Espíritu Santo para que sea nuestro ayudador (vea Juan 16:7) en todo, en cuanto necesitemos de su ayuda e intervención divina. Desafortunadamente, no todos están dispuestos a recibir ayuda cuando la necesitan. Algunas personas son testarudas e independientes y prefieren hacer todo por ellas mismas. En un determinado momento, estas personas se dan cuenta de que han agotado cada vía de su autosuficiencia y llegan a la conclusión inevitable de que aquello que están tratando de realizar, no pueden hacerlo solos. No tenemos porque no pedimos (vea

Santiago 4:2); por tanto, pídale al Espíritu Santo que lo ayude en todo lo que haga y experimentará menos estrés en su vida.

Solía ser como la persona que he acabado de describir. Me preocupaba, me desesperaba y me sentía ansiosa y frustrada por cosas simples. Recuerdo una vez cuando me frustré por no poder abrir un frasco de mayonesa y, finalmente, tuve que pedirle a mi esposo, Dave, que lo abriera por mí. ¿Qué me hizo actuar de esa manera? ¡Pura terquedad! Quería probar que no necesitaba la ayuda de nadie y que podía hacer las cosas por mí misma. Pero no fue así, por lo cual me sentí frustrada.

Creo que las obras de la carne siempre conducen a la frustración. Mientras vivamos conforme al pacto de las obras, tratando de hacer todo en nuestras propias fuerzas, nos sentiremos frustrados y desanimados. ¿Por qué? Porque tratamos de hacer el trabajo de Dios. No obstante, si vivimos conforme al pacto de la gracia y confiamos en que el Señor nos guiará y nos fortalecerá, viviremos bajo la autoridad divina que Dios nos da. Esto no significa que nunca nos enfrentaremos con pruebas, las cuales son necesarias para ayudarnos a forjar nuestro carácter y probar nuestra fe; simplemente quiere decir que tendremos la gracia para atravesar cada desafío y salir victoriosos.

La forma para recibir la ayuda de Dios y, de este modo, evitar la frustración de las obras, es simplemente pidiéndola. Sin embargo, las personas que se encuentran atrapadas en el orgullo y en la obstinación, como una vez me encontré, no piden. Solo los humildes pedirán ayuda, porque al hacerlo reconocen que nada pueden hacer en sus fuerzas.

Pedro escribe sobre el valor de la humildad al recibir la gracia de Dios:

> *Igualmente, jóvenes, estad sujetos a los ancianos; y todos, sumisos unos a otros, revestíos de humildad; porque: Dios resiste a los soberbios, y da gracia a los humildes. Humillaos, pues, bajo la poderosa mano de Dios, para que él os exalte cuando fuere tiempo; echando toda vuestra ansiedad sobre él, porque él tiene cuidado de vosotros.*
>
> 1 Pedro 5:5–7

De este pasaje se desprende que una actitud de humildad es importante para Dios. Si estamos llenos de orgullo y queremos hacer las cosas a nuestra manera sin escucharle a Él, terminaremos en situaciones que producirán ansiedad y estrés.

La razón por la que Dios nos pide que hagamos cosas de la forma que Él quiere que las hagamos, no es porque quiere ocultarnos algo o quitarnos algo. En cambio, quizás esté preparándonos para bendecirnos o protegernos de algo que desconocemos. Siempre debemos estar atentos al orgullo porque esto nos impedirá experimentar la paz y el gozo en nuestras vidas.

Recuerdo una historia sobre un encuentro que

tuve con una señorita quien asistía a nuestros eventos hace varios años, en la época de los casetes. Una tarde, después de haber enseñado sobre el orgullo y la humillación, me dijo: "Estoy buscando una de sus series de enseñanzas, pero no la encuentro en la mesa de ventas".

"¿Cuál está buscando?", le pregunté.

"Aquel sobre cambiar el orgullo por la humildad", respondió.

"Por lo general no lo traemos con nosotros a nuestras conferencias, porque no tiene mucha demanda. Aquellos que son humildes no lo necesitan y quienes sí lo necesitan son demasiado orgullosos para tomarlo", le dije.

Esta historia sería divertida si no fuera verdad.

Santiago 4:6 nos enseña que Dios da mayor gracia—poder del Espíritu Santo—para vencer todas nuestras tendencias negativas. Dice: "Pero él da mayor gracia. Por esto dice: Dios resiste a los soberbios, y da gracia a los humildes". Al igual que Pedro (vea 1 Pedro 5:6), Santiago nos exhorta: "Humillaos delante del Señor, y él os exaltará" (Santiago 4:10).

Recibimos de la gracia de Dios al humillarnos delante de Él, echando toda nuestra ansiedad sobre Él, y confiando en que Él se ocupará de ella como lo prometió en su Palabra. ¡Aquellos que se humillan a sí mismo son quienes recibirán ayuda! Una persona orgullosa no se humillará para recibir de la gracia de Dios; mas aquellos que caminan en humildad delante de Dios recibirán la gracia de Dios. Dicha gracia les permitirá evitar la frustración de las obras y vivir con paz y gozo.

CAPÍTULO 8

Permita que Dios edifique su vida

Si Jehová no edificare la casa, en vano trabajan los que la edifican; Si Jehová no guardare la ciudad, en vano vela la guardia. Por demás es que os levantéis de madrugada, y vayáis tarde a reposar, y que comáis pan de dolores; Pues que a su amado dará Dios el sueño.

Salmo 127:1–2

Nuestra sociedad insiste y valora mucho el hecho de edificar una buena vida, una carrera y una buena reputación. Cuando tratamos de edificar nuestras vidas y nuestra reputación por nuestra cuenta, estamos confiando en el brazo de la carne. Nos esforzamos tanto para desarrollar habilidades, seguir una carrera, ganar dinero, construir relaciones, darnos a conocer y hacer todo aquello que creemos que nos convertirá en personas exitosas según los parámetros de este mundo. No obstante, el Salmo 127:1–2 indica que todos estos esfuerzos son en vano. El Señor es aquel que edifica nuestras vidas y nuestra reputación, conforme a su buena voluntad para con nosotros.

En Gálatas 3:3–5, el apóstol Pablo les recuerda a todos los creyentes de las iglesias de Galacia la diferencia entre tratar de hacer todo por ellos mismos y permitir que Dios haga lo que sea necesario; esta es la diferencia entre la fe y las obras de la ley.

¿Tan necios sois? ¿Habiendo comenzado por el Espíritu, ahora vais a acabar por la carne? ¿Tantas cosas habéis padecido en vano? si es que realmente fue en vano. Aquel, pues, que os suministra el Espíritu, y hace maravillas entre vosotros, ¿lo hace por las obras de la ley, o por el oír con fe?

Sería sensato si todos nosotros nos hiciéramos la misma pregunta que Pablo les hizo a los gálatas: ¿Habiendo comenzado nuestras nuevas vidas por el Espíritu, ahora vamos a tratar de vivir por la carne? Del mismo modo en que por gracia fuimos salvos (inmerecido favor de Dios) por medio de la fe, y no por las obras de la carne (vea Efesios 2:8–9), debemos aprender a vivir por gracia por medio de la fe y no por los esfuerzos humanos o por las obras de la carne.

Cuando fuimos salvos, no estábamos en condiciones de ayudarnos a nosotros mismos. ¿Cuál es ahora nuestra condición tras haber sido por gracia salvos por medio de la fe en la obra completa de Jesucristo? ¡Seguimos sin estar en condiciones de ayudarnos a nosotros mismos! ¿Por qué entonces tratamos de hacer cosas por medio de la carne?

La única manera en la cual seremos, como piedras vivas, edificados "como casa espiritual y sacerdocio santo, para ofrecer sacrificios espirituales aceptables a Dios por medio de Jesucristo" (1 Pedro 2:5) es rindiéndonos a Dios y permitiendo que Él haga las obras que tenga que hacer. Este es el único camino para convertirnos en quienes Él desea que seamos.

La carne no nos hace bien. Podemos darnos cuenta de que necesitamos crecer y cambiar a fin de convertirnos en todo lo que Dios quiere que seamos y experimentar todo lo que Él quiere que disfrutemos. No obstante, no podemos cambiar quienes somos por quienes Dios quiere que seamos. Todo lo que podemos hacer es estar dispuestos a cambiar y presentarnos con humildad delante del Señor, permitiéndole que edifique nuestras vidas según sea su voluntad. El Espíritu Santo nos ayuda a ocuparnos de nuestra salvación (vea Filipenses 2:12). No tenemos que trabajar para conseguir la salvación, pero sí necesitamos cooperar con el Espíritu Santo a fin de ver que se manifieste en nosotros.

Podemos estar confiados de que Dios está haciendo su obra en nosotros, cambiándonos y ayudándonos a crecer por medio de la fe en Él, a fin de que podamos cumplir sus buenos propósitos para nuestras vidas. En Filipenses 1:6, Pablo afirma lo siguiente: "Estando persuadido de esto, que el que comenzó en vosotros la buena obra, la perfeccionará hasta el día de Jesucristo". Usted y yo podemos estar confiados de que Dios completará la buena obra que ha comenzado en nosotros.

En otras palabras, Pablo simplemente nos está diciendo lo siguiente: Dios es aquel quien comenzó la buena obra en usted y ¡Él es aquel que la perfeccionará! Esto significa que debemos permitirle a Dios hacer su obra sin tratar de interferir. Debemos ser pacientes y descansar en Él mientras perfecciona lo que sea necesario, en vez de intervenir en situaciones cuando estas no suceden tan rápido como nos gustaría o de la forma que quisiéramos.

Existen ciertas responsabilidades que debemos cumplir en nuestras vidas, pero hay otras cosas que solo Dios pueda hacer. Debemos hacer nuestra parte y permitirle a Dios hacer la de Él. Eso nos quita la presión de encima, lo cual hace disipar la preocupación y la ansiedad de tratar de edificar nuestras propias vidas.

Muchas veces, permitimos que Dios obre en ciertas áreas de nuestras vidas, pero luchamos por cederle el control de otras. Creo que esto ocurre cuando se trata sobre lo que otras personas piensan de nosotros, es decir, nuestra reputación. El apóstol Pablo escribe en Gálatas 1:10: "Pues, ¿busco ahora el favor de los hombres, o el de Dios? ¿O trato de agradar a los hombres? Pues si todavía agradara a los hombres, no sería siervo de Cristo". En otras palabras, Pablo tuvo que elegir entre agradar a Dios o agradar a los hombres. Esta constituye una elección que cada uno de nosotros también debe tomar.

Filipenses 2:7 dice que Jesús "se despojó a sí

mismo". Esto quiere decir que no tenía ningún interés en ganarse una reputación, y nosotros debemos seguir su ejemplo. Si somos fieles a Dios y nos humillamos delante de Él a medida que seguimos con nuestras vidas, Él se asegurará de que las personas correctas nos conozcan y abrirá las puertas que tienen que ser abiertas para nosotros. Si nuestro objetivo es construir una gran reputación, viviremos agradando a los hombres y temiendo de la opinión de los demás, en vez de vivir en el temor del Señor.

Durante años he tratado de construir mi propia reputación entre los creyentes, al intentar ganar su favor. En un momento de mi vida, manipulaba situaciones y hacía toda clase de juegos carnales para ser popular y que cierto grupo de personas en mi iglesia me respete. A través de una experiencia dolorosa, aprendí que si vamos a ser verdaderamente libres en el Señor, debemos hacer aquello que Pablo nos instruye en Gálatas 5:1: "Estad, pues, firmes en la libertad con que Cristo nos hizo libres, y no estéis otra vez sujetos al yugo de esclavitud".

Cuando permitimos que Dios construya nuestra reputación por nosotros, una de las cosas que debemos tratar de evitar es el sentimiento de rechazo por parte de otras personas. No creo que el enemigo use algo más que la amenaza del rechazo cuando quiere impedir que las personas hagan la voluntad de Dios. Cuando me comprometí a buscar la voluntad de Dios para mi vida, muchos examigos me abandonaron y algunos incluso se pusieron en mi contra. Pronto aprendí que debía elegir entre agradar a las personas o agradar a Dios. Si hubiera elegido ser popular, no habría disfrutado del ministerio que tengo hoy.

¿Está permitiendo que el temor al hombre le robe el destino que Dios tiene para usted? De ser así, nunca es demasiado tarde para cambiar y ocuparse más sobre agradar a Dios que a los hombres.

Los seguidores de Jesús han enfrentado esta misma decisión por siglos. En Juan 12:42–43 leemos lo siguiente:

> Con todo eso, aun de los gobernantes, muchos creyeron en él; pero a causa de los fariseos no lo confesaban, para no ser expulsados de la sinagoga. Porque amaban más la gloria de los hombres que la gloria de Dios.

Hoy, usted y yo debemos tomar una decisión. ¿Vamos a continuar tratando de edificar nuestras vidas y nuestra reputación o estamos dispuestos a renunciar a todo esfuerzo humano y entregarle nuestras vidas a Dios? ¿Estamos preparados para dejar de confiar en el brazo de la carne y comenzar a confiar en el brazo del Señor? Suelo pensar que esto se logra según la ley del crecimiento gradual. En la medida en que aprendamos más acerca de Dios y experimentemos su bondad en nuestras vidas, podremos confiar más y más en Él. Confío en Dios, pero espero poder confiar en Él aún más con el paso del tiempo.

CAPÍTULO 9

El Señor le da la victoria

No habrá para qué peleéis vosotros en este caso;
paraos, estad quietos, y ved la salvación de Jehová con
vosotros. Oh Judá y Jerusalén, no temáis ni desma-
yéis; salid mañana contra ellos, porque Jehová estará
con vosotros.

2 Crónicas 20:17

En 2 Crónicas 20, una gran multitud vino contra
la nación de Judá para sacarlos de la tierra que Dios
les había prometido (vea vv. 1–2, 7). El rey de Judá
Josafat era un hombre devoto a Dios quien guio al
pueblo a buscar a Dios por su ayuda y su victoria ante
una situación muy difícil.

En 2 Crónicas 20:12, Josafat ora al Señor: "¡Oh
Dios nuestro! ¿no los juzgarás tú? Porque en nos-
tros no hay fuerza contra tan grande multitud que
viene contra nosotros; no sabemos qué hacer, y a
ti volvemos nuestros ojos". En este versículo, Josafat
formula tres declaraciones que aplican para nosotros en nuestros días, tanto como lo hicieron para
el pueblo en los tiempos del Antiguo Testamento.
Primeramente, dijo: "Porque en nosotros no hay
fuerza contra tan grande multitud que viene contra

nosotros". En otras palabras, admitió que su ejército
sería oprimido por sus enemigos si confiaban en sus
propias fuerzas. En segundo lugar, confiesa: "No sabemos qué hacer". Al pronunciar dichas palabras, re-
conoce que el pueblo se encontraba completamente
indefenso, desesperado por la dirección de Dios. Y
en tercer lugar, Josafat declara: "A ti volvemos nuestros ojos". Sabía que Dios era su única fuente de esperanza y fortaleza.

Cuando lleguemos al punto en el cual podamos
decirle a Dios esas mismas palabras en total hones-
tidad y en completa dependencia de Él, Él podrá actuar por nosotros, como lo hizo por el pueblo de Judá
en esta historia.

A veces nos preguntamos por qué parecería que
Dios no está obrando en nuestras vidas. La respuesta
quizás sea que aún tenemos demasiada confianza en
nuestras propias capacidades y en cierta medida todavía confiamos en el brazo de la carne. La razón por
la que Dios no esté tomando el control de nuestras
circunstancias se debe a que no las soltamos. Esto es,
en parte, por qué 2 Crónicas 20:15 dice que la guerra
(la cual representa las guerras que enfrentamos en la
vida) no es nuestra, sino de Dios.

Si tomamos este pasaje en conjunto, podemos
ver que antes de que lleguemos al punto en donde
podamos declarar con confianza: "La batalla es del
Señor", tenemos que hacer lo que Josafat hizo y
reconocer que no tenemos fuerza contra nuestros

enemigos y admitir que no sabemos qué hacer. Luego debemos declarar que nuestros ojos están puestos en Dios y en Él confiamos para que nos libre.

Una vez que dejamos de apoyarnos en el brazo de la carne por ayuda y soluciones a nuestros problemas, Dios comenzará a darnos instrucciones para darnos la victoria. A veces nos guiará a hacer cosas específicas, pero con frecuencia nos pide que simplemente estemos quietos. Cuando les habló al pueblo de Judá ante tan grande oposición, dijo: "Paraos, *estad quietos*, y ved la salvación de Jehová con vosotros" (2 Crónicas 20:17, énfasis añadido). En Salmo 46:10 Dios dice: "Estad quietos, y conoced que yo soy Dios". Isaías 40:31 dice lo siguiente:

> *Pero los que esperan a Jehová tendrán nuevas fuerzas; levantarán alas como las águilas; correrán, y no se cansarán; caminarán, y no se fatigarán.*

En medio de las batallas que enfrentamos en nuestras vidas, es prudente tomar algún tiempo y estar quietos, esperando en el Señor para oír aquello que tiene para decirnos. De hecho, quizás no tengamos que hacer absolutamente nada durante cierto período, excepto doblar nuestras rodillas y decir: "Señor, espero en ti. Te adoro y espero ver tu mano moverse en contra de mis enemigos y trayendo liberación". Sin embargo, la clase de espera que Dios desea no es en absoluto pasiva, sino que es

¡espiritualmente activa! Debemos estar expectantes por ver a Dios moverse por nosotros en cualquier momento.

Durante la travesía de los israelitas desde Egipto hacia la tierra prometida, el Espíritu de Dios iba delante de ellos en forma de nube, guiándolos en el camino por donde debían ir. Cada vez que el arca del pacto se movía, Moisés clamaba a Dios: "Levántate, oh Jehová, y sean dispersados tus enemigos, y huyan de tu presencia los que te aborrecen" (Números 10:35). Creo que este debería ser nuestro clamor cada vez que enfrentamos las batallas en nuestras vidas: "¡Sea Dios levantado y sean esparcidos sus enemigos!". Cuando comprendamos que solo Dios puede resolver nuestros problemas y ya no tratemos de hacerlo en nuestras fuerzas, aliviaremos la presión de la preocupación y de la ansiedad.

Debemos recordar cuán grande es nuestro Dios y nunca olvidar su poder. A veces vemos a Dios y a su poder desde nuestra perspectiva humana limitada y eso nos hace perder de vista su grandeza. Servimos a un Dios todopoderoso y Omnipotente. Todo enemigo caerá delante de Él. Es infinitamente más fuerte y más poderoso que cualquier enemigo que podamos enfrentar; por tanto, debemos volver nuestros ojos a Él en vez mirarnos a nosotros mismos. Cuando dependemos de nuestras propias fuerzas, nos apoyamos en la debilidad y, por ende, experimentaremos la derrota. Pero cuando dependemos completamente del brazo del Señor, nos da la victoria en cada situación que enfrentemos, tal como lo hizo con Josafat y el pueblo de Judá.

CAPÍTULO 10

Con nosotros está Jehová nuestro Dios

Esforzaos y animaos; no temáis, ni tengáis miedo del rey de Asiria, ni de toda la multitud que con él viene; porque más hay con nosotros que con él con él está el brazo de carne, mas con nosotros está Jehová nuestro Dios para ayudarnos y pelear nuestras batallas.

2 Crónicas 32:7–8

A lo largo del Antiguo Testamento, el pueblo de Dios enfrentó oposiciones y luchó muchas batallas. En el capítulo anterior, escribí acerca de cuando el rey Josafat adoró a Dios y confió en que Él le daría una victoria que parecía imposible, y Dios se la dio. Varios capítulos después del relato del rey Josafat, leemos que Jerusalén fue nuevamente asechada, esta vez, por la mano de otros enemigos. En esta historia, la cual se encuentra en 2 Crónicas 32, el rey de Asiria y su ejército vino con gran fuerza a invadir a Judá y sitiar a Jerusalén. Para ese entonces, el rey Josafat había fallecido y el rey Ezequías gobernaba sobre Judá. Este animó al pueblo con el siguiente mensaje, el cual he parafraseado de 2 Crónicas 32:7–8:

Esfuércese y anímese; no tema, ni tenga miedo a causa de nuestros enemigos, del rey de Asiria y de toda la multitud que viene con él. Aquel que está con nosotros es mayor que todos ellos. El rey de Asiria será derrotado, y Jehová nos dará la victoria, porque con él está el brazo de carne, mas nosotros confiamos en el brazo del Señor.

Esta historia nos enseña que Dios quiere que sepamos que no podemos triunfar en la vida si confiamos en nosotros mismos y en nuestro conocimiento, sabiduría, fortaleza o capacidades humanas. Seremos victoriosos solo si confiamos en Él.

Muchos habrán escuchado el dicho conocido: "Al que se ayuda, Dios le ayuda". Algunos afirman que esta frase proviene de la Biblia, pero no es así. De hecho, no es escritural. Por supuesto que debemos ayudarnos en ciertas cosas. Por ejemplo, Dios no nos enviará a sus ángeles para que limpien nuestras casas o nuestros autos; estas son tareas que debemos realizar nosotros mismos. Asimismo, debemos ser responsables por ganarnos el pan. Dios nos da la sabiduría y fortaleza para llevar a cabo tales esfuerzos, pero debemos usar nuestra propia fuerza para realizarlos.

La Biblia dice que Dios ayuda a quienes *no pueden* ayudarse a sí mismos en el sentido de que no debemos depender de nuestros propios esfuerzos, planes y proyectos para vivir y resolver nuestros problemas; en cambio, debemos depender de Él. Decir que al que se ayuda, Dios le ayuda no solamente no es bíblico, sino también es engañoso. Esta frase tiende a hacernos pensar que tenemos que hacer todo lo posible antes de pedirle a Dios que nos ayude. De acuerdo con 1 Pedro 5:5, simplemente esto no es verdad: "...porque: Dios resiste a los soberbios, Y da gracia a los humildes". El enemigo pretende que creamos este dicho mundano y que pasemos nuestra vida en frustración, tratando de ocuparnos de nosotros mismos, en vez de confiar en Dios. Cuando le pedimos a Dios que nos ayude, puede enviarnos su ayuda por medio de otra persona; o puede darnos la capacidad para que podamos realizar aquello que, de no recibir su ayuda, no lo habríamos podido hacer; o puede ayudarnos de forma sobrenatural. Sin embargo, por lo general renunciamos a todo tipo de ayuda porque no confiamos en Él.

Tanto el rey Josafat como el rey Ezequías se dieron cuenta de que dependían plenamente de Dios para obtener su liberación y victoria sobre sus enemigos. Usted y yo necesitamos tener la misma actitud que tuvieron estos reyes del Antiguo Testamento. En vista de grandes dificultades, elevaron su mirada al Señor. En vez de mirar nuestros fracasos pasados, nuestras debilidades presentes o nuestros temores futuros, debemos estar confiados en la sabiduría, fortaleza y poder de Dios. Debemos recordarnos que independientemente de cuántos problemas podamos enfrentar, aquel que está con nosotros es mayor que aquellos que vienen en contra de nosotros. Como dijo el rey Ezequías, con ellos "está el brazo de carne, mas con nosotros está Jehová nuestro Dios" (2 Crónicas 32:8).

Permítame recordarle que Jeremías 17:5–8 dice que malditos son los que confían en el hombre, y ponen carne por su brazo. Serán como la retama en el desierto, la cual morará en tierra despoblada y deshabitada. Sus vidas no serán bendecidas. Mas bendito son aquellos cuya confianza está puesta en Jehová. Serán como árboles plantados junto a las aguas. Prosperarán y producirán frutos, aun en el año de sequía. Sin importar lo que pueda suceder, florecerán y no se fatigarán.

Deuteronomio 33:27 también habla sobre los que confían en el Señor: "El eterno Dios es tu refugio, Y acá abajo los brazos eternos; El echó de delante de ti al enemigo, Y dijo: Destruye". Este versículo nos vuelve a recordar que podemos confiar en que el Señor peleará nuestras batallas y nos dará la victoria.

Mientras buscamos al Señor y pasamos tiempo en su presencia, debemos elegir poner nuestra confianza en sus brazos eternos, en vez de en el brazo imperfecto de la carne. Esta clase de vida—cuando confiamos en el Señor, sabiendo que Él está con nosotros y por nosotros para ganar nuestras batallas—es una clave de vital importancia para hallar la paz y experimentar una vida sin preocupaciones.

A menudo, solemos pensar que únicamente debemos pedir la ayuda de Dios ante las situaciones más importantes, pero Él se ocupa de todo en lo que concierne a usted y a mí. Por tanto, si se encuentra luchando una gran batalla o está tratando con una prueba menor, lo animo a que ponga su confianza en Dios y aprenda a depender de Él.

PARTE 3

PUEDE DESCANSAR EN DIOS

CAPÍTULO 11

Halle descanso para su alma

Venid a mí todos los que estáis trabajados y cargados,
y yo os haré descansar. Llevad mi yugo sobre vosotros,
y aprended de mí, que soy manso y humilde de co-
razón; y hallaréis descanso para vuestras almas.

Mateo 11:28-29

Del mismo modo en que podemos estar involucrados en toda clase de actividades externas, también podemos tomar parte en actividades internas: sentimientos de gozo, paz, fuerza, estrés, ansiedad, desánimo u otras emociones que pueden ser tanto positivas como negativas. Estas actividades tienen lugar en nuestra alma (nuestra mente, nuestra voluntad o deseos y nuestras emociones). Dios no solo desea que hallemos descanso para nuestros cuerpos; también quiere que hallemos el descanso y la paz que Él tiene para nosotros.

En lo personal, encontrar descanso, alivio, calma, refrigerio, esparcimiento y quietud para mi alma significa ser libre de la actividad mental. Es decir, no tratar de entender constantemente qué debo hacer sobre aquello que me lleva a preocuparme o molestarme. Significa no tener que vivir en el tormento del razonamiento, siempre tratando de encontrar respuestas que no tengo. Significa resistir la tentación de preocuparme y, en cambio, elegir permanecer en un lugar de quietud y descanso.

Cuando nos toque atravesar adversidades en nuestras vidas, en vez de preocuparnos, podemos hablarle a nuestra alma y a nuestra mente, tal como Jesús le habló a los vientos y a las olas, al decir simplemente: "Calla, enmudece" (Marcos 4:39). El Señor me ha enseñado en los tiempos de pruebas que puedo "tener posesión" de mi alma y gobernar sobre mis emociones, en vez de permitir que mi alma me gobierne. No siempre es fácil, porque por lo general quiero solo hacer lo que *siento* en ese momento, pero he aprendido que permanecer calmada es en verdad más sencillo en comparación a lo que me causa el permanecer preocupada.

Jesús hizo mención al concepto de poseer nuestras almas en Lucas 21:19: "Con vuestra paciencia ganaréis vuestras almas". Según la versión Reina-Valera Antigua, este versículo dice así: "En vuestra paciencia poseeréis vuestras almas". Todos deberíamos aprender a hacer esto.

Siempre he sido del tipo de persona a quien le gusta estar en control, y nunca he querido que las cosas se me fueran demasiado de las manos. ¡Me gusta planear mi trabajo y trabajar en mis planes! Si bien ahora estoy mucho mejor, puedo recordar muchos episodios en mi pasado cuando veía que las cosas comenzaban a salirse de control en ciertas situaciones, lo cual me irritaba. Tuve que aprender a no permitir que mi mente y mis emociones me controlen, en especial cuando no podía hacer nada al respecto.

Todos tenemos que aprender a relajarnos ante situaciones que desearíamos poder cambiar, pero no tenemos el control sobre las mismas. Por ejemplo, supongamos que vamos camino a una entrevista laboral importante y quedamos atrapados en medio de un atasco de tráfico. ¿Cómo reaccionamos? ¿Vale la pena enfadarse y desatar nuestra furia? ¿No sería mucho mejor para nosotros y para los demás si simplemente permaneciéramos calmados, serenos y tranquilos, aun si llegáramos tarde para la entrevista? Creo firmemente que si hemos hecho nuestro mejor esfuerzo, Dios hará el resto.

Hace varios años, una mujer asistió a uno de nuestros eventos en Luisiana. Nos contó que recién se había enterado que su esposo había sido herido a causa de un accidente y estaba siendo sometido a una cirugía en un hospital en Arkansas en ese preciso momento. No obstante, allí estaba, en el fondo de la iglesia llena de la paz del Señor. No era posible que estuviese con él, así que eligió permanecer tranquila en vez de estar preocupada y ansiosa. Podría haber estado ansiosa y decir: "Oh, ¿por qué pasó esto? Estoy en la iglesia tratando de aumentar mi fe, y mientras me encuentro aquí, un árbol cae sobre mi esposo y causa un desastre en nuestras vidas. Simplemente no puedo comprender por qué tales cosas nos suceden a nosotros los creyentes".

Sin embargo, la mujer no se enojó ni se molestó en absoluto. Poseía su alma, y permaneció en la paz del Señor. Esta mujer constituye un gran ejemplo para todos nosotros. También nosotros debemos poseer nuestras almas, y no permitir que nuestras mentes, nuestros deseos y nuestras emociones gobiernen nuestras vidas. Si no lo hacemos, cedemos a la ira o a la ansiedad, otorgándole al enemigo un punto de apoyo para hostigarnos.

Efesios 4:26–27 dice: "Airaos, pero no pequéis; no se ponga el sol sobre vuestro enojo, ni deis lugar al diablo".

Cuando no tomamos la autoridad que nos ha sido dada sobre nuestra alma y damos rienda suelta a nuestras emociones, perdemos rápidamente nuestra paz. Ciertamente terminaremos en confusión y, por lo general, solemos crear contiendas en nuestras relaciones.

Por ejemplo, Dave y yo solíamos estar en desacuerdo sobre las cosas más insignificantes. Con frecuencia discutíamos sobre qué mirar en la televisión después de un largo día de trabajo. Cuando al fin elegíamos una película que a ambos nos gustaba, discutíamos sobre quién eran los actores.

Muchas veces, nos quedábamos despiertos hasta la madrugada para ver los créditos de cierre y poder probarle a Dave que yo tenía razón.

Debido a que esta situación sucedía con frecuencia, el Espíritu Santo finalmente me convenció y me mostró que en el amplio plano de las cosas, realmente carecía de importancia quién estaba en lo correcto o quién estaba equivocado porque era algo trivial. Dios tenía cosas más importantes para nosotros sobre las cuales ocupar nuestro tiempo como para estar discutiendo y perdiendo nuestra paz por algo tan irrelevante. A fin de mantener la paz mientras Dave y yo mirábamos una película juntos, tuve que aprender a morderme la lengua y dejar que Dave pensara que tenía razón, aun si realmente creyera que estaba equivocado. No valía la pena enojarse por la identidad de un actor de películas y crear contienda en mi matrimonio. Ciertamente no constituía una buena razón para darle lugar al enemigo. A pesar de que sea un ejemplo simple y posiblemente hasta tonto, la mayor parte de la paz que se pierde en los hogares se debe a cosas "tontas" que en verdad no hacen ninguna diferencia a fin de cuentas.

A menudo, permitimos que nuestra alma se agite por situaciones que realmente no tienen importancia. Exageramos las cosas y hacemos un gran problema de circunstancias menores. Si deseamos vivir en paz, debemos aprender a adaptarnos y ser flexibles, dejar pasar las cosas y no permitir que nuestras emociones gobiernen nuestra vida.

Cuando nos sentimos molestos a causa de situaciones insignificantes, le abrimos la puerta de nuestra vida al enemigo. Le damos una oportunidad para entrar y causar estragos. Por lo general, el enemigo no tiene que esforzarse demasiado para que nos enfademos, ya que hemos desarrollado el hábito de responder ante las dificultades con cierta clase de exabrupto emocional.

Creo que nos sorprenderíamos si en verdad nos diéramos cuenta de todo aquello de lo que el Señor nos quiere librar. Cuando elegimos honrarlo al poseer nuestra alma y permanecer en su paz, Jesús nos prometió que nuestras almas hallarían descanso en Él, y ese descanso está disponible para nosotros cada vez que elegimos vivir en él. Los malos hábitos siempre pueden romperse al desarrollar buenos hábitos; por tanto, le recomiendo que comience hoy mismo a elegir la paz. Muy pronto, su primera respuesta ante la conmoción será elegir mantener su paz.

CAPÍTULO 12

Un lugar de paz

La paz os dejo, mi paz os doy; yo no os la doy como el mundo la da. No se turbe vuestro corazón, ni tenga miedo.

Juan 14:27

Justo antes de que Jesús fuera crucificado, le dijo a sus discípulos que les dejaría un regalo: su paz. Después de su resurrección, se les aparece, y las primeras palabras que pronunció fueron: "Paz a vosotros" (Juan 20:19). A fin de darse a conocer, Jesús les mostró las manos y el costado, y luego les dijo otra vez: "Paz a vosotros" (Juan 20:21). Ocho días después, nuevamente se les aparece y otra vez sus primeras palabras fueron: "Paz a vosotros" (Juan 20:26).

Sin lugar a dudas, Jesús desea que sus seguidores vivan en paz, sin importar lo que pueda ocurrir. Lo que le dijo a sus discípulos hace siglos—y nos dice hoy a nosotros—es simplemente: "No continúe permitiéndose estar ansioso, preocupado y molesto".

Por generaciones han existido circunstancias que pueden hacernos perder nuestra paz. La ansiedad no es algo nuevo. Aun el salmista en el Antiguo Testamento escribió al respecto en el Salmo 42:5: "¿Por qué te abates, oh alma mía, y te turbas dentro de mí? Espera en Dios; porque aún he de alabarle, salvación mía y Dios mío".

Cuando nuestra alma se abate y se turba dentro de nosotros, debemos esperar confiadamente en Dios porque Él actuará por nosotros. Él es nuestra salvación y nuestro Dios, y nos ofrece su paz si la recibimos.

Muchas veces he dicho: "Cuando comenzamos a perder nuestra *paz*, debemos recordar nuestro *lugar*". ¿Qué quiero decir con esto? Me refiero a nuestro lugar en Dios, aquel lugar que tenemos con Él por medio de nuestra comunión con Jesucristo. El apóstol Pablo lo explica en Efesios 2:4–6:

> *Pero Dios, que es rico en misericordia, por su gran amor con que nos amó, aun estando nosotros muertos en pecados, nos dio vida juntamente con Cristo (por gracia sois salvos), y juntamente con él nos resucitó, y asimismo nos hizo sentar en los lugares celestiales con Cristo Jesús.*

De acuerdo con este pasaje, nos dio vida *con* Cristo y nos hizo sentar juntamente con Él. En Efesios 1:20, varios versículos anteriores, vemos que Cristo está sentado a la diestra de Dios en los lugares celestiales. El hecho de que Jesús esté sentado es un punto clave. Si usted y yo estamos en Él, que lo estamos, y Él está sentado, entonces también nosotros debemos estar sentados.

¿Por qué es tan importante que Cristo esté sentado en los lugares celestiales, esperando hasta que sus enemigos sean puestos por estrado de sus pies (Hebreos 10:13), y que nosotros estemos sentados juntamente con Él? Los hebreos antiguos habrían entendido esto mucho mejor de lo que lo entendemos nosotros en la actualidad, así que permítame ofrecerle una explicación.

Conforme al antiguo pacto, el sumo sacerdote tenía que entrar al Lugar Santísimo una vez al año para expiación de sus pecados y los del pueblo. Debía degollar un becerro y rociar la sangre sobre el altar. En el Lugar Santísimo no había un lugar para sentarse, porque conforme al pacto de las obras, no estaba permitido sentarse y descansar. El día de reposo no sería instituido sino hasta después de que Jesús hubiera entrado en el Lugar Santísimo y rociado con su propia sangre sobre el altar celestial. Podemos leer acerca de esto en Hebreos 9:24: "Porque no entró Cristo en el santuario hecho de mano, figura del verdadero, sino en el cielo mismo para presentarse ahora por nosotros ante Dios".

Todo el tiempo que el sumo sacerdote judío pasaba en el Lugar Santísimo terrenal, debía ministrar al Señor. Incluso, Dios había ordenado que llevara campanillas por todo el borde del manto: "...y se oirá su sonido cuando él entre en el santuario delante de

Jehová y cuando salga, para que no muera" (Éxodo 28:35). Esto es importante porque según el antiguo pacto de las obras, el sumo sacerdote debía estar continuamente en movimiento en el Lugar Santísimo (representando al pacto de las obras); no se le permitía sentarse y descansar. El sonido de las campanillas de su manto podría escucharse mientras estuviera en movimiento; si las campanillas dejaran de sonar y el sacerdote permaneciera quieto, el pueblo sabría que había cometido alguna clase de error y que había muerto.

Una vez que la obra de salvación fue consumada a través de Jesús, el sumo sacerdote del nuevo pacto, por medio de su sangre derramada, cuando entró al cielo, su Padre no le dijo: "Ponte de pie, Hijo, y mantente en movimiento". En cambio, le permitió sentarse. Hebreos 10:12–13 dice: "Pero Cristo, habiendo ofrecido una vez para siempre un solo sacrificio por los pecados, se ha sentado a la diestra de Dios, de ahí en adelante esperando hasta que sus enemigos sean puestos por estrado de sus pies".

Este es el mismo mensaje que hoy Dios tiene para usted y para mí. Quiere que sepamos que en su Hijo, Cristo Jesús, estamos sentados a su diestra y tenemos el privilegio de entrar en su reposo. Esta es una porción de nuestra herencia como hijos de Dios. Ahora, en vez de preocuparse por tratar de agradar a Dios y ganar su favor a través de las obras de la carne, podemos tomar nuestro lugar—sentados juntamente con Cristo—y hallar descanso y paz en medio de cualquier circunstancia por medio de nuestra fe en Él.

A menudo, cuando siento que me estoy enfadando y que mi paz se está escurriendo, me recuerdo a mí misma que debo "sentarme". Esa es una manera creativa en la que todos podemos recordar que debemos permanecer calmados en medio de la tormenta.

CAPÍTULO 13

Sea sobrio en todo

También debes saber esto: que en los postreros días
vendrán tiempos peligrosos.

2 Timoteo 3:1

En la actualidad, el mundo se ajusta a la descripción
que Pablo nos brinda en 2 Timoteo 3:1. En varios aspectos, nos encontramos viviendo tiempos peligrosos:
difíciles de llevar y difíciles de soportar. Desde el versículo 2 al 5 del mismo capítulo, Pablo describe en
detalle algunas de las clases de personas quienes ca-
racterizan los días en los cuales vivimos: personas que
no conocen al Señor. Pablo dice que serán "amadores
de sí mismos, avaros, vanagloriosos, soberbios, blas-
femos, desobedientes a los padres, ingratos, impíos"
(2 Timoteo 3:2). Pero esto no es todo. La descripción
que nos brinda Pablo continúa hasta el versículo 8.

Las personas que viven en el entorno sobre el
que Pablo escribe en 2 Timoteo 3 pueden fácilmente
perder la paz. No obstante, en 2 Timoteo 4:5, Pablo
nos enseña cuál debería ser nuestra respuesta ante
todos los problemas de este mundo, todos los problemas en nuestras vidas y todas las personas quienes
son difíciles de tratar o de soportar: "Pero tú sé

sobrio en todo, soporta las aflicciones, haz obra de evangelista, cumple tu ministerio".

¡Esta es una escritura maravillosa! Es exactamente lo que debemos hacer si queremos vivir una vida sin preocupaciones: "Sé sobrio en todo". A fin de ponerlo en términos cotidianos, cuando nos encontramos con los desafíos o problemas inevitables que todos enfrentamos en la vida, debemos permanecer calmados, con la mente clara y tranquilos.

A veces, cuando las personas comienzan a tener algún problema, entran en pánico y comienzan a preguntarse: "¿Qué hago? ¿Qué hago?". Reaccionan ante sus problemas emocionalmente, en vez de ser sobrios, buscar la dirección del Señor y dejarse guiar por el Espíritu Santo.

Resulta difícil dejar que el Espíritu Santo nos guíe cuando emocionalmente nos encontramos turbados. Su voz es suave y apacible y es mucho más fácil escucharlo cuando nuestras almas están aquietadas. Suelo decirles a las personas que cuando no saben qué hacer sobre sus circunstancias, deben hacer lo que sí saben hacer. Cuando sobrevienen los desafíos, existen ciertas cosas que sabemos que podemos hacer: orar, estudiar y poner por obras la Palabra de Dios, y permanecer con una actitud de adoración. Asimismo, debemos confiar en Dios y continuar siendo una bendición para nuestro prójimo. Entonces, cualquier directiva que el Señor desea darnos vendrá a su debido tiempo.

Cada vez que precisamos que Dios nos ayude, debemos comprender que los pasos prácticos que Dios nos mostró que tomemos para manejar cierta crisis pueden no ser los mismos que necesitemos para afrontar la próxima prueba. Esto se debe a que la solución a nuestros problemas no se encuentra en el *procedimiento* que empleemos, sino en el *poder*, el poder que Dios nos da para cumplir con aquello que nos mandó a hacer.

Dios usa diferentes métodos para darles la victoria a diferentes personas en diferentes situaciones. Una vez Jesús sanó a un hombre ciego al escupirle en sus ojos y luego poniéndole las manos encima dos veces (vea Marcos 8:22–25). En otra ocasión, sanó a un hombre ciego de nacimiento al escupir en la tierra y hacer lodo, el cual untó sobre los ojos del ciego antes de enviarlo a que se lavase en el estanque de Siloé (vea Juan 9:1–7). En otra oportunidad, sanó a un hombre ciego simplemente por medio de su palabra (vea Marcos 10:46–52).

Ninguno de los *métodos* que Jesús empleó abrió los ojos de los ciegos para que recobrasen la vista, sino que la sanidad provino por el *poder de Dios* que fluía a través de Jesús. Los diferentes métodos fueron simplemente distintos medios que Jesús usó para librar la fe depositada dentro de cada persona a quien ministraba. La clave para hallar la paz en toda situación es hallar el poder de Dios, y la clave para desencadenar el poder de Dios es la fe.

Hebreos 4:3 es un versículo conocido que habla acerca de entrar en el reposo de Dios, pero el versículo anterior, Hebreos 4:2, nos muestra que la fe es también necesaria a fin de entrar en ese reposo:

Porque también a nosotros se nos ha anunciado la buena nueva como a ellos; pero no les aprovechó el oír la palabra, por no ir acompañada de fe en los que la oyeron.

A veces el Espíritu Santo puede guiarnos a realizar acciones específicas para que podamos obtener la victoria que necesitemos. En lo personal, he padecido dolores de espalda y cadera por más de veinte años. Durante todo ese tiempo, continué yendo al mismo quiropráctico, quien me ayudaba a aliviar el dolor a través de terapia, pero mi situación con el tiempo empeoró. Tuve el sentir de consultar con otro doctor quien detectó que tenía una malformación en la cadera. Después de haberme sometido a una cirugía de remplazo de cadera, ya no sufro más dolor y puedo hacer cosas que por muchos años no podía hacer. Sea cual fuere lo que Dios nos guíe a hacer, no nos hará bien si no permanecemos en el reposo de Dios. Esto se debe a que si no habitamos en su reposo, no estamos operando con una fe genuina.

Hay veces cuando las personas sienten de ayunar por un período, o quizás sean guiadas a pedir consuelo a una persona específica, pero principalmente debemos asegurarnos que cualquier acción que tomemos sea guiada por el Espíritu y que actuemos en fe.

Hebreos 11:6 nos dice que sin fe es imposible agradar a Dios. Ninguno de los métodos que usemos mientras peleamos la batalla del reposo prosperará si no actúan en conjunto con la fe. Pero si ponemos en práctica nuestra fe y obramos en obediencia a la dirección del Espíritu Santo, el poder de Dios se manifestará en lo que sea que hagamos y Él nos conducirá a la victoria.

CAPÍTULO 14

Paz y reposo en la presencia del Señor

Pero los que hemos creído entramos en el reposo, de la manera que dijo: Por tanto, juré en mi ira, no entrarán en mi reposo; aunque las obras suyas estaban acabadas desde la fundación del mundo.

Hebreos 4:3

No se debería subestimar la importancia en entrar en el reposo de Dios al creer y confiar en Él, cuando nos rehusamos a volvernos ansiosos y preocupados por determinadas situaciones. Lo llamo "la batalla del reposo" porque podemos vencer las artimañas del enemigo simplemente al permanecer en paz en vez de permitir que nuestra alma se turbe cuando las circunstancias nos frustran o nos ofenden.

De acuerdo con Hebreos 4:3, el reposo constituye un lugar en el cual podemos entrar. Creo que se trata del mismo lugar secreto del cual el salmista escribe en el Salmo 91:1, cuando dice: "El que habita al abrigo del Altísimo Morará bajo la sombra del Omnipotente". Este lugar secreto es la presencia del Señor.

Cuando nos encontramos en el lugar secreto de

la presencia de Dios, no tenemos que preocuparnos, temer o sentirnos ansiosos por nada. Podemos estar atravesando una situación apremiante y nuestra carne quizás esté gritando "¡Haz algo!". No obstante, podemos ser sobrios en todo (vea 2 Timoteo 4:5). Podemos descansar y sentirnos seguros, sabiendo que en la presencia del Señor hay paz, gozo y reposo.

Moisés fue un hombre quien conocía la presencia de Dios; sin embargo, Éxodo 33 nos relata que Moisés se sintió inseguro y dubitativo en cierto momento. Dios le había encomendado la misión de librar a su pueblo de la esclavitud y guiarlos a la tierra prometida; pero Dios no le había dicho a Moisés con quién lo enviaría para ayudarlo. En un estado de incertidumbre, Moisés le hace saber a Dios que quiere experimentar más de su presencia:

> Ahora, pues, si he hallado gracia en tus ojos, te ruego que me muestres ahora tu camino, para que te conozca, y halle gracia en tus ojos; y mira que esta gente es pueblo tuyo. Y él dijo: Mi presencia irá contigo, y te daré descanso.
>
> Éxodo 33:13–14

Una vez que Dios le aseguró a Moisés que su presencia iría con él y que le daría descanso, era todo lo que Moisés necesitaba para estar preparado para su gran desafío.

Aquello que fue verdad para Moisés también lo es

para usted y para mí. Por mucho que quisiéramos conocer los planes y caminos de Dios para nuestras vidas, todo lo que en realidad necesitamos saber es que su presencia irá con nosotros dondequiera que nos envíe y sea lo que sea que nos pida hacer.

Moisés tenía un gran trabajo en sus manos, y naturalmente estaba preocupado al respecto, al igual que usted y yo podemos estar preocupados por algunas de las tareas que Dios nos ha llamado a hacer. Sin embargo, todo lo que Moisés necesitaba era saber y estar seguro de que Dios iría con él y lo ayudaría. Tal conocimiento siempre debería ser suficiente para nosotros también.

A lo largo de los años, Joyce Meyer Ministries ha enfrentado muchos desafíos al tratar de llevar esperanza y sanidad a otros. Hubo muchas veces cuando estuvimos tentados a enfadarnos, desesperarnos o afanarnos, pero el Señor nos ha enseñado a actuar de la forma que Pablo nos enseña en 2 Timoteo 4:5: ser sobrio en todo. Nos ha mostrado que debemos ser flexibles y mantener nuestros ojos en Él y no en nuestros planes. Si las cosas no funcionan de la manera en que quisiéramos, debemos descansar y confiar en que Él nos mostrará qué camino tomar.

A menudo, cuando las cosas no resultan de la forma en que las personas quieren, se frustran y hacen comentarios tales como "Bueno, ¡eso es todo! ¡Ahora mi plan está arruinado!". Puedo sentirme identificada porque hice esos mismos comentarios muchas veces en el pasado. No obstante, he aprendido que si Dios es aquel quien "arruinó" nuestros planes, teníamos los planes incorrectos para empezar. Si el enemigo arruina un plan, el Señor nos dará otro, el cual será mucho mejor del que ha fracasado.

Cuando sentimos que algo no prosperó o fracasó en nuestras vidas, debemos resistir la tentación de afanarnos y preocuparnos, y correr a la presencia de Dios. Cada vez que pensemos que algo ha salido mal, debemos decir, al igual que el Salmo 91:2: "Esperanza mía, y castillo mío; Mi Dios, en quien confiaré".

Los versículos 1 y 2 del Salmo 91 describen a una persona que habita en la presencia de Dios y confía plenamente en Él. Abordaré estos versículos con mayor detenimiento en el capítulo 15. Aquí, quisiera concentrarme en el resto del Salmo, el cual enumera muchas promesas poderosas acerca de la protección y provisión de Dios. Espero que las lea y las tome personalmente.

Él te librará del lazo del cazador, de la peste destructora. Con sus plumas te cubrirá, y debajo de sus alas estarás seguro; Escudo y adarga es su verdad. No temerás el terror nocturno, ni saeta que vuele de día, ni pestilencia que ande en oscuridad, ni mortandad que en medio del día destruya. Porque has puesto a Jehová, que es mi esperanza, al Altísimo por tu habitación, no te sobrevendrá mal, ni plaga tocará tu morada. Pues a sus ángeles mandará acerca de ti, que te guarden

en todos tus caminos. Por cuanto en mí ha puesto su
amor, yo también lo libraré; Le pondré en alto, por
cuanto ha conocido mi nombre.

Salmo 91:3–6, 9–11, 14

En la versión en inglés *The Amplified Bible* [Biblia
Amplificada], hay una nota al pie de página del Salmo
91, que dice: "Las ricas promesas de todo este capítulo son condicionales a los primeros dos versículos
(vea Éxodo 15:26)". ¿Cuáles son las condiciones de
estos primeros dos versículos del Salmo 91? Funda-
mentalmente, que permanezcamos en el reposo del
Señor.

Como creyentes, todas las promesas de Dios son
para usted y para mí. Sus promesas dependen de su
presencia, y en su presencia, hallamos la paz.

CAPÍTULO 15

Confianza y esperanza en el Señor

El que habita al abrigo del Altísimo morará bajo la sombra del Omnipotente. Diré yo a Jehová: Esperanza mía, y castillo mío; Mi Dios, en quien confiaré.

Salmo 91:1–2

En el capítulo 14, hice referencia a varios versículos del Salmo 91. Ahora, quisiera analizar este poderoso Salmo con mayor detenimiento. Como vimos anteriormente, los versículos 3–16 del Salmo 91 describen muchas de las bendiciones que Dios tiene para nosotros. A fin de recibir esas bendiciones, debemos reunir las condiciones expresadas en los versículos 1 y 2: habitar al abrigo del Altísimo y morar bajo la sombra del Omnipotente.

Específicamente, existen tres aspectos del Salmo 91:1–2 los cuales determinan nuestra capacidad para recibir las bendiciones abundantes de Dios. En primer lugar, debemos *habitar,* que significa "permanecer...establecerse...continuar...sentarse" (James E. Strong, "Diccionario Strong de palabras hebreas y arameas" de la Concordancia Strong exhaustiva de la Biblia [Nashville: Abingdon, 1890], pág. 52, entrada 3427, s.v. "dwell" [habitar], Salmo 91:1). Note que en el Nuevo Testamento, Jesús le dice a sus discípulos: "Permaneced en mí, y yo en vosotros. Como el pámpano no puede llevar fruto por sí mismo, si no permanece en la vid, así tampoco vosotros, si no permanecéis en mí" (Juan 15:4).

En segundo lugar, debemos habitar al *abrigo* del Altísimo, lo cual hace referencia a un lugar en donde esconderse, un lugar de protección, un lugar con una cobertura a fin de que estemos seguros del ataque de todos nuestros enemigos.

Por último, debemos *morar* bajo la sombra del Omnipotente, es decir, debemos permitir que el Señor sea nuestro refugio y nuestra fortaleza, nuestro escondedero. Para lograrlo, debemos apoyarnos y depender de Él, así como también confiar plenamente en Él y permanecer allí. A veces, en especial cuando es necesario que seamos pacientes y esperemos en el Señor, podemos vernos tentados a salirnos de la sombra del Omnipotente y buscar refugio en otros sitios. Debemos resistir la tentación y elegir morar continuamente en la presencia de Dios. Verbalizar mi confianza en Dios me resulta útil cuando me encuentro atravesando alguna dificultad. Por lo general, digo: "Dios, mi confianza está puesta en ti".

Me agrada la forma en la que mi esposo, Dave, describe el significado de morar bajo la sombra del Omnipotente. Él entiende que la sombra es un lugar de protección contra el calor del sol. La misma forma bordes entre la luz y la oscuridad. Del mismo modo, existen bordes o límites definidos dentro de los cuales debemos permanecer si queremos morar bajo la sombra del Omnipotente, bajo su protección contra el mundo o el enemigo.

Cuando estamos al aire libre en el verano, podemos elegir pararnos bajo la sombra de un árbol o caminar bajo el rayo de sol. Los lugares a la sombra por lo general son más frescos que un sitio soleado y le brindarán mayor protección contra los rayos del sol ultravioleta. Nuestra vida con el Señor es similar. Mientras elijamos morar bajo la sombra de sus alas, estaremos mucho más cómodos y mejor protegidos contra el peligro que cuando elegimos salirnos de la protección de Dios.

La decisión de vivir bajo una u otra condición es nuestra. El hombre prudente no solo escoge permanecer bajo la sombra del Omnipotente, sino hacer morada allí y no aventurarse al salir de la protección que Dios nos ofrece.

Cuando conducimos por una carretera, siempre que nos mantengamos dentro de las líneas que dividen los carriles y obedezcamos las señalizaciones a lo largo de la ruta, nos encontramos en mucho menos peligro de ser víctimas de un accidente que si ignoramos esos límites e instrucciones. Esas líneas y señales son puestas para nuestro beneficio y protección.

Espiritualmente hablando, las "líneas y señales" que nos mantienen en el camino del Señor y fuera de peligro son la confianza y la esperanza en Él. Él nos guardará en su sombra y nos protegerá de cualquier peligro o daño.

Después de leer el Salmo 91:1–2, vemos que el versículo 3 comienza con una frase fundamental: "Él te librará…". Cuando cumple con las instrucciones de los versículos 1 y 2, entonces el Señor cumplirá las promesas maravillosas de protección establecidas en los versículos siguientes del mismo Salmo. Desde el versículo 3 al 7, leemos que el Señor nos librará (v. 3), nos cubrirá (v. 4), nos guardará del temor y del terror (v. 5) y nos protegerá contra toda saeta. No temeremos a la pestilencia, destrucción o mortandad (v. 6), aunque otros caigan a nuestro lado como resultado de estas cosas (v. 7).

Salmo 91:9–13 nos muestra claramente que el Señor promete protección angelical y liberación a aquellos que le sirven y caminan en obediencia a Él. El versículo 13 dice: "Sobre el león y el áspid pisarás; Hollarás al cachorro del león y al dragón". Jesús hace una declaración similar a sus discípulos en Lucas 10:19: "He aquí os doy potestad de hollar serpientes y escorpiones, y sobre toda fuerza del enemigo, y nada os dañará". Estas palabras describen nuestro lugar en Dios. Como creyentes, se nos ha dado poder y autoridad sobre toda fuerza del enemigo y sus demonios. También estamos en un lugar de favor e influencia con Dios.

El afirmar que tenemos protección angelical no significa que nunca experimentaremos pruebas o

aflicciones, sino que estaremos protegidos de todo
aquello que el enemigo ha planeado contra nosotros,
siempre y cuando nuestra confianza esté puesta en
Dios y creamos y declaremos su Palabra.

Algo importante que debemos aprender sobre esta
protección angelical y liberación es que se trata de un
proceso. El Señor nos promete en el Salmo 91:15 que
cuando lo invoquemos, Él nos responderá y con nosotros estará en la angustia; nos fortalecerá y nos llevará de la tribulación a victoria, liberación y gloria.
Me tomó varios años el siguiente patrón: Dios está
conmigo en mis tribulaciones y problemas; luego, comienza a librarme de ellos y, posteriormente, me glo-
rifica. Es una progresión, y hallamos paz y gozo en el
Señor cuando pasamos por la misma.

El Salmo 91:14–16 nos asegura que a causa de
nuestro conocimiento de Dios y de su misericordia,
amor y bondad, y porque confiamos y dependemos
de Él, sabiendo que Él nunca nos dejará ni nos des-
amparará, nos han sido dadas sus preciosas promesas.
Estas promesas comprenden el hecho de que Él estará con nosotros, nos responderá, nos librará y nos
glorificará con una vida larga y abundante. Esta declaración nos llena de su paz y nos permite vivir sin
preocupaciones.

PARTE 4

PUEDE CONFIAR EN LOS PLANES DE DIOS

CAPÍTULO 16

Dios conoce lo mejor

Reconócelo en todos tus caminos, y él enderezará tus veredas.

Proverbios 3:6

Estas constituyen las cuatro palabras que deberían aliviarnos de toda ansiedad y preocupación que a menudo sentimos ante diversas situaciones de nuestra vida diaria: *Dios conoce lo mejor.* Solo en la presencia de Dios podemos hallar la paz y el gozo que anhelamos (vea Salmos 16:11; 27:4).

Proverbios 3:6 nos enseña que si reconocemos al Señor en todos nuestros caminos, Él enderezará nuestras veredas. ¿Qué significa reconocerlo en todos nuestros caminos? Significa buscar su dirección y rendirle a Él todos nuestros planes, para que los haga prosperar conforme a su voluntad y designio para nuestras vidas.

Una señal que evidencia la madurez espiritual es buscar a Dios por quién es Él, no solo por lo que pueda hacer por nosotros. Permítame explicárselo utilizando como ejemplo una relación terrenal. Si mi esposo regresara a casa después de un largo viaje, me haría mucha ilusión volver a verlo. También estaría contento de verme, e incluso hasta me trajera algún obsequio. Porque lo quiero, se complace en darme cosas para mostrarme su amor. Sin embargo, si lo volviera a ver después de un viaje y estuviera más emocionada por descubrir qué tipo de obsequio me trajo que por reencontrarme con él, podría herir sus sentimientos. En contraste, si viera que estoy genuinamente feliz de verlo y no quiero otra cosa que estar con él y disfrutar de su compañía, a él le complacería darme un obsequio.

Cuando reconocemos a Dios en todos nuestros caminos y buscamos su rostro por quién es Él, comenzaremos a querer aquello que Él quiere para nosotros, más que las cosas que alguna vez quisimos. Su voluntad empieza a tornarse nuestra voluntad. Esto lo he aprendido a raíz de experiencias personales. Solía querer hacer mi voluntad más que ninguna otra cosa, pero ahora anhelo la voluntad de Dios por encima de la mía. Sé que si quiero algo y Dios no me lo da, puede herir mis sentimientos y ser difícil de aceptar por algún tiempo, pero con el paso del tiempo será lo mejor para mí.

Una vez, Dave y yo estábamos de vacaciones y sentados en nuestro carro de golf hacíamos planes para nuestras próximas vacaciones. La estábamos pasando tan bien que ya estaba planeando nuestro regreso al mismo lugar para el año entrante. De pronto, el Señor trajo a mi mente las palabras de Santiago 4:13–15.

¡Vamos ahora! los que decís: Hoy y mañana iremos a
tal ciudad, y estaremos allá un año, y traficaremos,
y ganaremos; cuando no sabéis lo que será mañana.
Porque ¿qué es vuestra vida? Ciertamente es neblina
que se aparece por un poco de tiempo, y luego se des-
vanece. En lugar de lo cual deberíais decir: Si el Señor
quiere, viviremos y haremos esto o aquello.

Cuando el Señor gravó estos versículos en mi corazón, no pretendía que dejara de hacer planes para
el futuro. Simplemente me estaba enseñando a no
adelantarme en el tiempo o a no hacer mis propios
planes sin consultarle primero a Él. Su voluntad y sus
propósitos son los que realmente importan. Debí haberme concentrado en lo que Él quería para nuestras
próximas vacaciones, no en lo que yo quería. Nuevamente aprendí que la carne para nada aprovecha
y comprendí que debía respetar y honrar a Dios al
buscar su voluntad, y no venir con mis propios planes
y pedirle que los bendiga. A menudo, Dios nos permite hacer aquello que deseamos, pero bueno es reco-
nocerle a Él en todo.

La humildad constituye un factor importante para
poder tener la vida abundante de gozo y paz, la cual
nos ha sido dada por medio de Jesús. En un capítulo anterior mencioné que debemos aprender a humillarnos "bajo la poderosa mano de Dios" para que
Él nos exalte cuando fuera el tiempo (1 Pedro 5:6).
Una forma de humillarnos es reconociendo a Dios

y esperando en Él, rehusándonos a actuar según los deseos de la carne. Debemos aprender a vivir un día a la vez, contentarnos dondequiera que estemos y con lo que sea que tengamos hasta que el Señor nos guíe a algo mejor.

El verdadero problema no eran las vacaciones que quería, sino mi actitud. De haber tenido la actitud correcta, habría elevado mi corazón al Señor, diciendo algo así: "Señor, si está bien contigo, en verdad me gustaría regresar a este mismo lugar el próximo año. Estamos comenzando a hacer planes, pero si tú no los apruebas, estamos de acuerdo en que interrumpas nuestros planes y los modifiques. ¡Queremos hacer tu voluntad, no la nuestra!".

No diría que planear unas vacaciones—o mudarse a una nueva casa, regresar a la universidad, emprender un negocio o preparar cualquier cosa que requiera cierta planificación de antemano—esté mal. No obstante, planificar estas cosas por su cuenta, en la carne, puede ser frustrante y no constituye la mejor manera de hacerlo. La mejor forma es reconocer y honrar a Dios, poniendo nuestra confianza en Él como nuestra fuente de fortaleza. Podemos evitar muchas de las preocupaciones en nuestras vidas si realmente creyéramos que Dios conoce lo mejor y simplemente confiáramos en Él.

Un ministro que conozco, quien ha estado en el ministerio por más de cincuenta años, me dijo recientemente que tres veces al día toma algunos minutos para pedirle al Espíritu Santo que lo guíe en todos sus caminos y que le dé saber si está haciendo algo contrario a la voluntad de Dios. ¡Esta es la clase de actitud con la que Dios quiere que vivamos!

CAPÍTULO 17

Una clave para ser usado por Dios

Pero tenemos este tesoro en vasos de barro, para que
la excelencia del poder sea de Dios, y no de nosotros.
2 Corintios 4:7

Si alguna vez ha sentido que su vida carece de valor
y propósito, sabe que ese sentimiento produce mucha
ansiedad. Le preocupa el hecho de no estar dentro del
plan que Dios tiene para su vida. Quizás hasta se pre-
gunte si hay algo malo con usted, y eso le preocupa.
Puede sentirse ansioso porque quiere tener una vida
plena, agradar a Dios y hacer su voluntad; no obstante, ese sentimiento de inutilidad lo llena de inse-
guridad.

Quizás recuerde la historia de una viuda del Antiguo Testamento quien tenía tantas deudas que sus
acreedores fueron a buscarla para tomar dos de sus
hijos por siervos (vea 2 Reyes 4:1–7). Cuando Eliseo
el profeta le preguntó si tenía algo de valor en su casa,
ella respondió: "Tu sierva ninguna cosa tiene en casa,
sino una vasija de aceite" (2 Reyes 4:2). Eliseo dijo: "Ve
y pide para ti vasijas prestadas de todos tus vecinos,
vasijas vacías, no pocas. Entra luego, y enciérrate tú

y tus hijos; y echa en todas las vasijas, y cuando una esté llena, ponla aparte" (2 Reyes 4:3–4).

Cuando la mujer juntó tantas vasijas vacías como pudo encontrar, hizo exactamente como Eliseo le había ordenado. Ella y sus hijos entraron en su casa y cerraron la puerta. Sus hijos le traían las vasijas y ella las llenaba con aceite. Dios multiplicó su pequeña cantidad de aceite, y el aceite no cesó hasta que se quedó sin vasijas. Cuando la mujer le contó a Eliseo lo que había sucedido, este le dijo que vendiera el aceite y pagase a sus acreedores y que ella y sus hijos vivieran con el dinero restante.

Comparto esta historia para enseñar que todos nosotros somos vasijas vacías. Ninguno tiene nada de valor dentro de sí excepto el poder de Dios que puede fluir en nosotros. La clave para convertirse en una vasija llena que Dios pueda usar se encuentra en conocer nuestra identidad en Jesús; este constituye el secreto de nuestro precio y valor. Cuando entendemos esto, no hay nada más que podamos hacer, sino asombrarnos del Señor y elevar nuestra gratitud y alabanza por lo que ha hecho por nosotros en Cristo. El primer paso para ser llenos es reconocer que estamos vacíos, cuando nos miramos a nosotros mismos en términos humanos.

Nuestro valor proviene del Señor. Él nos asigna un valor tremendo a cada uno de nosotros por medio de la sangre de su Hijo Cristo Jesús. No tenemos nada ni somos nadie; pero en Cristo, tenemos todo y somos todo.

Cuando por primera vez comencé a ministrar, quería ayudar a las personas. Aún recuerdo las palabras que el Señor grabó en mi corazón en aquellos comienzos: "Cuando estás vacía de ti misma, de modo que lo único que queda dentro de ti es la capacidad para depender del Espíritu Santo, cuando has aprendido que todo lo que eres y todo lo que tienes proviene de Él, entonces te enviaré a ministrar al prójimo para que llenes sus vasijas vacías con la vida que he derramado en tu vasija vacía".

Llegar al lugar de vaciarnos de nosotros mismos no es una tarea sencilla y por lo general lleva tiempo. Se requiere de una obra profunda en cada uno de nosotros para poder decir lo que el apóstol Pablo dice en Gálatas 2:20:

> Con Cristo estoy juntamente crucificado, y ya no vivo yo, mas vive Cristo en mí; y lo que ahora vivo en la carne, lo vivo en la fe del Hijo de Dios, el cual me amó y se entregó a sí mismo por mí.

Pasé muchos años de mi vida preguntándome si alguna vez llegaré a ser completamente dependiente de Dios en vez de ser independiente, a confiar en el Señor en vez de en mi carne. Si alguna vez se sintió de ese modo, permítame animarlo al decirle que mientras no se rinda, está progresando. Si alcanzar ese lugar de dependencia y rendición parece tomarle mucho tiempo, recuerde que Dios, el que comenzó la buena obra, será fiel en completarla en usted (vea Filipenses 1:6).

Si seguimos adelante y somos sinceros sobre nuestro crecimiento espiritual, algún día seremos como aquella mujer de 2 Reyes 4 es decir, vaciados de nosotros mismos y preparados para que Dios nos use para llenar aquellos a nuestro alrededor y cumplir sus planes para nuestras vidas. Solo cuando nos damos cuenta de que es el Señor obrando a través de nosotros, y no es aquello que podamos hacer en nuestras fuerzas, podemos comenzar a servirle y ayudar a otros como debemos.

A fin de conocer y experimentar lo que Dios puede hacer, en primer lugar, debemos darnos cuenta de nuestras limitaciones y aceptarlas. Si dejamos de intentar ganar las batallas que enfrentamos en la vida con nuestras propias fuerzas y dejamos de intentar usar el esfuerzo humano para llevar a cabo aquello que creemos que necesitamos hacer, hallaremos el brazo del Señor moviéndose por nosotros y haciendo aquello que jamás podríamos haber conseguido por nosotros mismos. Cuando nos vaciamos y realmente nos damos cuenta de que somos totalmente dependientes de Dios, Él nos llenará y obrará a través de nosotros de formas asombrosas.

CAPÍTULO 18

Todo tiene su tiempo

Todo tiene su tiempo, y todo lo que se quiere debajo del cielo tiene su hora.

Eclesiastés 3:1

Una de las razones por la cual las personas se preocupan y se sienten molestas es que pretenden que ciertos acontecimientos tengan lugar en determinado momento. Cuando los mismos no suceden, la gente se siente frustrada y ansiosa, y se pregunta: "¿Sucederá alguna vez?".

Creo que el enemigo nos ofrece dos mentiras en lo concerniente a las cuestiones sobre el tiempo en nuestras vidas: la mentira del "para siempre" y la mentira del "nunca". Cuando atravesamos circunstancias negativas, nos hace creer que continuarán *para siempre*, y que las cosas *nunca* cambiarán. Ambas mentiras crean en nuestros corazones preocupación y temor; y ambas no son ciertas porque, tarde o temprano, todo en la vida cambia.

Las dificultades que enfrentamos no durarán para siempre, e incluso las cosas buenas de las cuales gozamos en nuestras vidas pueden no permanecer iguales para siempre. Es importante que aprendamos a adaptarnos a los tiempos de cambios, porque forman parte del proceso del crecimiento espiritual. Las dificultades en algún momento le abrirán paso a la victoria, y los buenos tiempos se transformarán en tiempos aún mejores. Solo Dios permanece siempre igual, pero todo lo demás cambia, ¡y no tenemos que temerle a los cambios!

En momentos como esos, podemos traer a memoria el Salmo 91:14–16, por medio del cual Dios nos da promesas poderosas para los tiempos de cambio. Los siguientes versículos hablan de una persona que confía y cree en Dios:

> *Por cuanto en mí ha puesto su amor, yo también lo libraré; Le pondré en alto, por cuanto ha conocido mi nombre. Me invocará, y yo le responderé; Con él estaré yo en la angustia; Lo libraré y le glorificaré. Lo saciaré de larga vida, y le mostraré mi salvación.*

Creo que el mensaje que Dios nos transmite en estos versículos es simplemente este: No importa por lo que estemos atravesando, tarde o temprano pasará. Mientras tanto, podemos tener la seguridad de que Él está con nosotros para librarnos y glorificarnos y saciarnos de larga vida y mostrarnos su salvación. Todos, en algún punto de nuestras vidas, enfrentamos diversas pruebas y tribulaciones, pero mientras creamos en Dios y pongamos nuestra confianza en Él, cumplirá sus promesas, y aquellos tiempos de adversidad darán paso a tiempos mejores.

Mientras nuestra vida continúe, quizás debamos enfrentarnos a otras dificultades a lo largo del camino, pero al final, por medio de Cristo, esos desafíos también obrarán para nuestro bien. Todo aquello que existe en nuestras vidas ahora, o existirá en el futuro, será pasajero porque la vida es un proceso continuo en el cual nada permanece siempre igual. Si podemos tomarnos de esta verdad, nos ayudará a atravesar cualquier problema que tengamos que enfrentar y nos ayudará a apreciar los buenos tiempos y momentos de bendiciones sin pensar: *No seré capaz de continuar si alguna vez esto cambiara.*

Considere este ejemplo sencillo: Si nunca ha tenido vacaciones, el enemigo le hará pensar que nunca podrá vacacionar. Por el contrario, si se encuentra disfrutando de sus vacaciones, el enemigo tratará de volverlo miserable al pensar en su regreso al trabajo. En algunas circunstancias, quiere que crea que nada nunca cambiará; mientras que en otras situaciones, quiere hacerle pensar que las cosas cambiarán, pero que estará descontento cuando esos cambios se produzcan.

La realidad es que todo está en continuo cambio. A veces los cambios son emocionantes y uno está lleno de gozo; otras veces, son difíciles y dolorosos. De cualquier forma, podemos atravesar los cambios de la vida sin preocuparnos o sentirnos atemorizados o molestos si mantenemos nuestros ojos es Jesús. Hebreos 13:8 dice: "Jesucristo es el mismo ayer, y hoy, y por los siglos". ¡Él nunca cambia! En un mundo lleno de cambios, Él permanece siempre constante.

Como creyentes, debemos aferrarnos únicamente al Señor, y no a sus bendiciones. Ciertamente, Dios desea que disfrutemos de las bendiciones que nos provee, pero no quiere que lleguemos hasta el punto de pensar que no podríamos ser felices sin ellas.

Somos administradores, no propietarios, de todo lo que Dios nos ha dado. A modo de ejemplo personal, reconozco que el ministerio en el cual estoy involucrada no es mío, sino de Dios. Si alguna vez Él decidiera que el mismo termine, así será. Espero seguir siendo parte de este ministerio tanto tiempo como me sea posible; sin embargo, si Dios me hiciera saber que quiere que el mismo finalice, entonces así será y estoy preparada para ello.

Esto es cierto también para usted. Ninguno de nosotros deberíamos vivir demasiado aferrados a nuestros empleos, fuentes de ingresos, posesiones, pasatiempos o relaciones humanas. Siempre debemos estar libres para obedecer la dirección de Dios y movernos conforme nos guíe el Espíritu. De acuerdo con Eclesiastés 3:1, todo tiene su tiempo y su hora, y cuando cada tiempo llegue a su fin, debemos despojarnos de las cosas que formaron parte de este. A menudo, nos hacemos daño porque tratamos de aferrarnos al pasado cuando Dios está diciendo: "Es tiempo de avanzar hacia algo nuevo".

Hace muchos años, Dave y yo sentimos de parte de Dios que debíamos comenzar a formarnos para el ministerio. La etapa en la que estábamos había llegado a su fin, y Dios nos estaba llamando a algo nuevo. El primer paso que tomamos fue inscribirnos en un curso bíblico de nueve meses en nuestra iglesia. El mismo implicaba una asistencia de dos a tres noches por semana, el cual requería de nuestro compromiso porque en ese tiempo nuestras vidas estaban bastante ajetreadas.

Veía que el curso nos requeriría de un gran esfuerzo hasta que Dios me ayudó a comprender algo sobre alcanzar los objetivos en la vida. Me di cuenta de que un objetivo se asemeja a un horizonte. Sabemos cómo es y avanzamos hacia el mismo, pero en la medida en que nos acercamos, se esfuma de nuestra vista y un nuevo horizonte aparece en escena.

Por medio de esta comparación, Dios me estaba enseñando que siempre avanzaremos hacia alguna clase de meta u objetivo. Tan pronto como alcanzamos uno, otro aparece. Dios continuamente nos presenta situaciones en las cuales podemos confiar y creer en Él, manteniéndonos en el camino de la fe. Aquello por lo que estamos creyendo puede manifestarse dentro de un año y para ese entonces, confiaremos en Dios por algo más. Él nos lleva de un tiempo a otro. Cuando Él pone punto final a un tiempo de nuestras vidas porque ha cumplido su propósito, debemos ser sabios y permitirle que ponga fin a esa situación, a fin de que podamos entrar plenamente en el siguiente tiempo que tiene preparado para nosotros.

Si alguna etapa de su vida está cambiando, permítame animarlo a que no se aferre a ella. Busque aquello nuevo que Dios tiene para usted y dele lugar. No viva en el pasado cuando Dios tiene algo fresco y nuevo para su vida. Olvídese de lo que queda atrás y prosiga a la meta (vea Filipenses 3:13–14). Si Dios ya no está presente en determinada situación ni le da de su gracia, usted ya no estará contento o en paz con la misma. Diríjase hacia ese nuevo horizonte, sabiendo que en Dios cada propósito tiene su tiempo y su hora. Si confía en sus tiempos y permanece en Dios cuando esos tiempos cambien, podrá disfrutar de cada etapa de su vida sin preocuparse por lo que vendrá.

CAPÍTULO 19

Dios tiene un plan

Ellos dijeron: Cree en el Señor Jesucristo, y serás salvo, tú y tu casa.

Hechos 16:31

Cuando Dios liberó a Pablo de la cárcel en Filipos, el carcelero le preguntó: "Señores, ¿qué debo hacer para ser salvo?" (Hechos 16:30). En el versículo siguiente, Pablo le responde: "Cree en el Señor Jesucristo", y luego continúa diciendo que de ese modo será salvo él y su casa.

Dios es quien cuidará de nosotros. Podemos simplificar tanto las cosas si evitáramos un problema llamado independencia, o tratar de ocuparnos de todo en nuestras propias fuerzas. Este sentimiento de tener que cuidar de nosotros mismos está arraigado en el temor. El mismo surge del concepto de si lo hacemos nosotros, podemos estar seguros de que será hecho bien, o al menos será hecho de la forma que nos satisfaga.

A menudo, aunque nos cueste admitirlo, tenemos miedo de lo que puede suceder si nos encomendamos completamente a Dios y no nos responde de la forma en que creemos que debería.

La raíz del problema de la independencia reside en confiar en nosotros mismos más de lo que confiamos en Dios. Aun si elegimos confiar en Dios, tendemos a querer tener un plan alternativo. No obstante, no nos damos cuenta de que Dios también tiene un plan, un plan que es mucho mejor de lo que podríamos llegar a planear para nuestras vidas.

El querer ser independiente es un signo de inmadurez espiritual. Del mismo modo que los niños pequeños tratan de hacer todo por ellos mismos—atarse sus zapatos, vestirse o alcanzar el frasco de galletas— en vez de pedir ayuda cuando la necesitan, los cristianos inmaduros también tratan de hacer todo por su cuenta, resistiendo la ayuda que Dios tan gustosamente nos ofrece.

A veces, parecería que Dios no nos permite que nos ocupemos de nosotros cuando debemos enfrentar ciertos problemas o luchas. La razón por la que esto sucede se debe a que Dios quiere ayudarnos, pero quiere hacerlo a su manera, no a la nuestra, porque nuestra manera de hacer las cosas por lo general implica preocupación, ansiedad, razonamiento y excesivo planeamiento. Dios dice en Jeremías 29:11: "Porque yo sé los pensamientos que tengo acerca de vosotros, dice Jehová, pensamientos de paz, y no de mal, para daros el fin que esperáis". Él sabe cuáles son sus planes, y sabe que sus caminos son los mejores para hacerlos cumplir en nuestras vidas.

Aprendí esta verdad en una forma poderosa hace

varios años atrás, por medio de una carta que una mujer envió a nuestro ministerio después de una conferencia. Es asombroso su testimonio de liberación de autocuidado y ansiedad. Quisiera compartir algunas porciones de la misma ya que creo que hablará a nuestros corazones.

Cuando concurrí a su conferencia, me encontraba ansiosa porque sentía que mi vida no valía nada para Dios, y temía que sin importar lo que sucediera, nunca iba a ser feliz. Había estado frustrada e infeliz por casi un año y en verdad necesitaba ser libre.

Durante la conferencia sentía que Dios me elevaba por sobre mis preocupaciones y afanes. Después de cada servicio me sentía un poco mejor. Sin embargo, cuando regresaba a mi hogar entre cada servicio, esos mismos pensamientos de ansiedad volvían a atacarme otra vez.

Finalmente, después del último servicio, decidí que no estaba dispuesta a enfrentar otro día de mi vida sintiéndome tan ansiosa y temerosa. Compré sus series de enseñanzas: Facing Fear and Finding Freedom [Afrontar el temor y encontrar la libertad], No se afane por nada, *y* How to Be Content [Aprender a contentarse]. *No tenía dinero ahorrado para estos fines, así que después comencé a preocuparme sobre cómo iba a afrontar los otros gastos que tenía.*

Después de partir de la conferencia, puse uno de los casetes en el reproductor de mi auto, con la esperanza de que mis miedos no me volvieran a atacar antes de llegar a mi hogar.

Me detuve en una estación de servicio y me percaté de que no me quedaba dinero. Así que decidí hacer uso de mi tarjeta de débito, la cual accedía a una cuenta en donde contenía el dinero de la renta y luego transferiría el dinero a la cuenta para cubrir el gasto del combustible.

Cuando llegué a la estación de servicio, me aseguré de que aceptaran la tarjeta que deseaba utilizar. Llené el tanque y le entregué al empleado mi tarjeta. Este pasó la misma tres veces, y todas las veces salía denegada. No tenía otra manera de pagar por el combustible. Para ese entonces, comencé a sudar y a hiperventilar, y me imaginaba trabajando para la estación de servicio para pagar el dinero del combustible. ¡Creía que mi vida se había acabado!

Pero entonces, cuatro mujeres en una camioneta entraron en la estación de servicio. Una de ellas se me acercó y me preguntó si todo estaba bien. Por supuesto, le dije que me encontraba bien y le agradecí por preguntar. Supongo que mi expresión de pánico me delataba, e insistió en ayudarme. Finalmente, le conté que necesitaba dinero para pagar por el combustible, y de inmediato ella y las otras tres mujeres me dieron el dinero para pagar la factura, y se marcharon.

Luego de pagar por el combustible, regresé a mi auto sintiéndome aliviada. Cuando encendí el motor, sentí al Espíritu Santo enseñándome una lección.

Me mostró que había pasado toda mi vida haciendo planes. Era verdad. Cada mañana me levantaba y planeaba mi día. Mientras me cepillaba los dientes, planeaba qué vestiría. Durante el día, planeaba mis actividades de la tarde. Planeaba qué comería, qué iba a mirar en la televisión, cuándo iba a hacer ejercicios... ¡Planes, planes y más planes! Sentí como si el Señor me hablara y me dijera: "Hasta planeaste cómo ibas a pagar por el combustible, y mira a dónde te llevó".

Luego, se detuvo y grabó fuertemente estas palabras en mi corazón: "Yo tengo un plan".

Si bien hacer planes no es malo, a veces tenemos que rendir nuestros planes a fin de considerar los planes de Dios. Creo que es sabio planear nuestro trabajo y trabajar sobre nuestros planes. No obstante, no debemos arraigarnos y aferrarnos a nuestros planes de tal manera que discutamos y nos resistamos si Dios trata de mostrarnos un camino más excelente.

Desde luego, debemos siempre tener un plan para pagar nuestras cuentas; pero la mujer en esta historia tenía un plan tan elaborado que era complicado. Dios trató de dejarle en claro que nunca disfrutaría de su vida hasta que comenzara a confiar en Él en mayor medida.

Continuó escribiendo:

*Por el resto del día, el Espíritu Santo continuó
recordándome cuando comenzaba a planear algo que
Él también tenía un plan. Me mostró que al planear
todo el tiempo estaba tratando de descubrir mi futuro
en vez de depender plenamente en Él.*

Esta mujer admitió que tenía un problema con su
independencia. Dios no desea que seamos independientes o codependientes, sino dependientes de Él,
porque sabe que separados de Él nada podemos hacer
(vea Juan 15:5).

Esta mujer concluyó su testimonio con estas palabras:

*No solo fui libre de toda ansiedad, sino que además
Dios completamente destruyó el patrón de pensamiento que estimulaba mi preocupación y estado de
ansiedad. Estoy tan agradecida por la verdad que me
ha hecho libre de las ataduras de la preocupación y
la ansiedad.*

Este testimonio contiene una lección valiosa que
todos necesitamos recordar: En todo lo que nos concierne—sea grande o pequeño—Dios tiene un plan.
Vivir en la plenitud de su plan resulta mucho más
fácil cuando finalmente decidimos dejar de tratar y
de esforzarnos por hacer las cosas solos y rendirnos
a Dios. Cuanto más nos rindamos a Él y a sus planes,
más fácil será vivir nuestras vidas sin preocupaciones.

PARTE 5

PUEDE DEPOSITAR EN ÉL TODA SU ANSIEDAD

CAPÍTULO 20

La oración produce paz, reposo, paciencia y esperanza

Por nada estéis afanosos, sino sean conocidas vuestras peticiones delante de Dios en toda oración y ruego, con acción de gracias. Y la paz de Dios, que sobrepasa todo entendimiento, guardará vuestros corazones y vuestros pensamientos en Cristo Jesús.

Filipenses 4:6–7

Varias veces a lo largo del libro he mencionado la importancia de echar toda nuestra ansiedad sobre el Señor (1 Pedro 5:7). Cuando nos sujetamos al estrés y a las preocupaciones de nuestras vidas, nos producen ansiedad y perturbación. No obstante, cuando nos despojamos de las mismas y permitimos que el Señor tome el control, podemos entrar en su reposo. En términos prácticos, *¿de qué manera* echamos toda nuestra ansiedad sobre el Señor? Debemos hacerlo por medio de la oración. En Filipenses 4:6–7, el apóstol Pablo no nos dice: "Ore y continúe afanoso". Nos dice: "Ore y por nada esté afanoso". Esto es lo mismo a echar toda nuestra ansiedad sobre el Señor. Cuando lo hacemos,

Dios nos corona con sus bendiciones, entre ellas, con su paz, su reposo, paciencia y esperanza.

La oración produce paz

Cuando el enemigo trata de cargarnos con preocupaciones, debemos tornar nuestros corazones y echar toda ansiedad sobre el Señor. Esto constituye en parte el significado de la oración—reconocer ante Dios que no podemos llevar nuestra carga de preocupaciones, y depositar las mismas en Él. Si oramos sobre algo específico y luego continuamos preocupándonos, estamos alternando los polos negativos y positivos. Ambos se anulan entre sí, y no conseguimos el beneficio esperado.

La oración constituye una fuerza positiva; la preocupación es una fuerza negativa. Creo que una de las razones por la cual las personas carecen del poder suficiente en cuanto a su vida espiritual es porque anulan el poder positivo de la oración al ceder ante el poder negativo de la preocupación. A menudo, oramos y hacemos declaraciones positivas por algún tiempo; luego, comenzamos a preocuparnos sobre determinada circunstancia y hacemos declaraciones negativas. Vamos de aquí para allá entre los dos extremos.

En la medida en que oremos y *nos preocupemos*, no estamos confiando plenamente en Dios. Cuando oramos conforme a su voluntad, debemos tener fe y confianza de que Dios nos oye (1 Juan 5:14). Esta clase de oración produce paz, y también nos conduce al reposo, la paciencia y la esperanza.

La oración produce reposo

Hebreos 4:3 dice: "Pero los que hemos creído entramos en el reposo...". Continuando con el tema del reposo, Hebreos 4:9 dice: "Por tanto, queda un reposo para el pueblo de Dios". El versículo siguiente continúa diciendo que aquel que ha entrado en el reposo de Dios "también ha reposado de sus obras".

Sabemos por el capítulo 4 de Hebreos que Dios claramente nos ofrece su reposo. Si aún no hemos entrado en este reposo, realmente no le estamos creyendo a Dios, porque el versículo 3 claramente nos enseña que el fruto de creer es el reposo. A fin de entrar en el reposo de Dios debemos tener la fe de un niño.

La fe de un niño es pura y simple. Cuando se enfrentan con un dilema, los niños rápidamente corren a sus padres. No tratan de entenderlo todo y hacer un plan detallado sobre la manera en la que resolverán sus problemas. Simplemente creen en que sus padres cuidarán de ellos.

Durante muchos años de mi vida me he jactado de creer en Dios y confiar en Él. Sin embargo, no estaba haciendo ninguna de las dos cosas. Desconocía el primer principio sobre creer en Dios o confiar en Él.

Todo lo que solía hacer era orar, luego preocuparme e inquietarme, hablar en forma negativa sobre mis circunstancias y tratar de entender todo por mi cuenta. Era una persona ansiosa, nerviosa, irritable y siempre al límite. Aun así, afirmaba que creía y confiaba en Dios.

Como creyentes, nuestro reposo y nuestra paz no se basan en el hacer o en el lograr, sino en creer con fe que Dios se ocupará de todo lo que nos concierne. Si realmente creemos y confiamos en el Señor, entraremos en su reposo. Oraremos en fe y echaremos toda nuestra ansiedad sobre Él; entonces, sentiremos la paz perfecta de su presencia. Una parte de la fe también constituye estar dispuestos a hacer todo lo que el Señor nos requiera, pero el reposo que nos ofrece es un reposo en el trabajo, no del trabajo.

La oración produce paciencia y esperanza

Romanos 5:3–4 dice así:

> *Y no sólo esto, sino que también nos gloriamos en las tribulaciones, sabiendo que la tribulación produce paciencia; y la paciencia, prueba; y la prueba, esperanza.*

Decirle a alguien, o incluso a nosotros mismos: "No te preocupes" es sencillo. No obstante, realmente la capacidad de no preocuparse requiere de una madurez espiritual que surge de la relación con Dios. Cuanto más experimentamos la fidelidad de Dios, más fácil será no preocuparse. La preocupación no logra nada positivo en nuestras vidas, y nada cambia para mejor.

Es por ello por lo que es necesario continuar teniendo fe y confiando en Dios, y no preocuparnos en medio de las pruebas y tribulaciones. En tiempos de dificultad y pruebas, el Señor edifica en nosotros la paciencia, perseverancia y carácter el cual con el tiempo producirá el hábito del gozo y de la esperanza.

Cuando usted y yo nos encontramos en medio de una lucha espiritual contra nuestro enemigo, cada ronda que vencemos produce en nosotros una experiencia y fortaleza valiosa. Cada vez que resistimos una tentación o permanecemos firmes en un ataque, nos volvemos más fuertes. Si podemos ser pacientes en medio de las pruebas y nos rehusamos a rendirnos, tarde o temprano obtendremos la victoria y gozaremos de mayor paciencia, esperanza y madurez espiritual en nuestras vidas. Dios siempre nos dará la victoria si permanecemos firmes y nos negamos a rendirnos.

CAPÍTULO 21

Confíe en Dios plenamente

Fíate de Jehová de todo tu corazón, y no te apoyes en
tu propia prudencia. Reconócelo en todos tus caminos,
y él enderezará tus veredas.

Proverbios 3:5–6

Una de las razones por la cual siempre he respetado a mi esposo, Dave, es que desde que lo conocí, lo he visto depositar toda su ansiedad en el Señor. En los primeros años de mi vida cristiana y de mi ministerio, luchaba con dejar todas mis preocupaciones y ansiedades en las manos del Señor, y a menudo vivía preocupada y ansiosa sobre determinadas situaciones, mientras que Dave las encomendaba a Dios y estaba en perfecta paz.

Años atrás, como mencioné en el capítulo 3, Dave y yo vivíamos con un presupuesto muy ajustado y solíamos con frecuencia discutir a raíz de los problemas financieros. Cuando enfrentábamos dificultades económicas, a Dave le resultaba fácil echar sus ansiedades sobre el Señor y creía plenamente que Él supliría nuestras necesidades. Una vez que le entregaba el problema al Señor, podía descansar. Por lo general, él me hacía sentir frustrada en aquellos tiempos porque podía estar en la sala jugando con los niños o mirando televisión, mientras yo me sentaba a la mesa de la cocina revisando cada una de las cuentas por pagar y entrando en una crisis emocional a causa de las mismas. Me esforzaba por parecerme más a Dave y confiar en Dios; sin embargo, en aquellos días, simplemente no conocía a Dios lo suficiente para *saber* que todo nos ayudaría a bien en su tiempo y conforme a sus caminos.

Muchos cristianos hoy pueden sentirse identificados con lo que estoy diciendo. Varias personas atraviesan problemas financieros u otras dificultades por las que terminan preocupándose. A pesar de que estas personas son creyentes y hasta quizás puedan recitar escrituras sobre confiar en Dios y depositar en Él nuestra ansiedad, todavía se les hace difícil poner en práctica dichos versículos. Quieren confiar en Dios, pero parecería que no pueden dar el salto. Los entiendo porque era igual a ellos hace años.

En la medida en que tomé el camino de la paz y de la capacidad de echar mi ansiedad sobre el Señor, en vez de vivir preocupada y ansiosa, la primera lección que tuve que aprender fue a contentarme en medio de mis circunstancias actuales, sin importar cuáles fueran. Aun si quería que cambiaran—y si en verdad debían cambiar—tenía que darme cuenta de que podía estar gozosa en Dios incluso si nunca cambiaran.

Creo que llegamos a conocer mejor al Señor

durante los tiempos de pruebas que cuando todo se desarrolla con normalidad y nos resulta fácil. Estos constituyen los tiempos en nuestras vidas cuando la fe es probada; por tanto, son los tiempos en los cuales podemos aprender a estar quietos y confiados en Dios, permitiéndole a Él que edifique nuestra confianza. El apóstol Pablo escribió: "No lo digo porque tenga escasez, pues he aprendido a contentarme, cualquiera que sea mi situación" (Filipenses 4:11).

Pablo había aprendido una lección valiosa, la cual nos beneficia a todos. Él sabía cómo contentarse, sin importar cualquiera sea el desafío o dificultad que pudiese sobrevenir. Sabía cómo depositar toda su ansiedad sobre el Señor y morar bajo la sombra del Omnipotente. A pesar de sus muchos sufrimientos, Pablo sabía cómo vivir día a día, sin dejar que sus circunstancias lo perturben o le quiten la paz y la quietud de su alma.

Todos podemos anhelar la capacidad de manejar las situaciones al igual que Pablo, pero si aún no puede lograrlo, no se desanime, porque Pablo escribió que tuvo que *aprender* a hacerlo, y aprender lleva tiempo y experiencia. Quizás aún no tenga la capacidad de contentarse ante toda situación, pero si continúa en los caminos del Señor, siendo fiel y obediente, y confiando en Él, entonces, independientemente de lo que pueda sucederle, tarde o temprano comenzará a desarrollar su capacidad de contentarse, cualquiera sea el estado en el que se encuentre.

Fiarnos del Señor con todo nuestro corazón constituye una clave para contentarse, como nos instruye Proverbios 3:5–6 al comienzo del presente capítulo. En la medida en que usted y yo transitemos el camino de la vida, muchas oportunidades se nos presentarán para desviar nuestro curso hacia un lado o hacia otro. A causa de que el enemigo sabe que estamos avanzando hacia nuestro objetivo, intentará distraernos. Continuamente tratará de tentarnos para que tomemos el camino de la preocupación en vez de la senda de la paz, a fin de guiarnos hacia la destrucción. Sin embargo, si buscamos las señales de Dios a lo largo del camino y le obedecemos a Él, podremos permanecer dentro de los límites de su guía y protección. En vez de tratar de buscar respuestas para todo, podemos aprender a poner nuestra confianza en el Señor para que nos guie en el camino que debemos andar, de modo que podamos llegar a nuestro destino final.

No es difícil darse cuenta de cuándo comenzamos a cruzar los límites. Esto sucede cuando empezamos a perder nuestra paz, lo cual es un claro indicio de que nos hemos salido de la protección de la sombra del Omnipotente. Por lo general, constituye una indicación el hecho de comenzar a preocuparnos o de no arrepentirnos de algún pecado o haber maltratado a nuestro prójimo sin reconocer nuestro error o sin hacer el esfuerzo por restaurar la situación. Cualquiera sea el problema, debemos ser sensibles a la falta de paz e identificar la causa de la misma, a fin de poder corregir el problema y regresar al camino del Señor.

Proverbios 3:5–6 nos enseña a confiar en el Señor con todo nuestro corazón, y a no apoyarnos en nuestra propia prudencia. Como hemos visto, la fe significa fiarnos de la persona de Dios con total y absoluta confianza en su poder, sabiduría y benignidad. Cuando Dios dice que nos fiemos de Él, se refiere a total y completamente, es decir, confiar en Él con nuestras mentes, emociones y con nuestro espíritu.

Puedo recordar muchas ocasiones del pasado cuando *pensaba* que confiaba y creía en Dios. No obstante, en mi mente aún me encontraba haciendo planes, tratando de averiguar cómo manejar todo en mis fuerzas. Desde lo emocional, todavía me invadían la preocupación y la angustia, y trataba de hallar paz para mi mente y mi corazón al mantener todo bajo mi control. A pesar del hecho de que me jactaba de confiar en el Señor, vivía en un estado de confusión y perturbación constante, lo cual es siempre una señal de que la persona tendrá problemas.

Quisiera animarle a ser sensible al nivel de paz que siente en su espíritu, mente y alma. Cuando percibe el primer indicio de inquietud, pregúntese por qué podría estar perdiendo su paz. Pregúntese si ha dejado de confiar plenamente en el Señor de algún modo o en alguna circunstancia en particular. Cuando se fía del Señor con todo su corazón, gozará de su paz.

CAPÍTULO 22

Eche toda su ansiedad

Humillaos, pues, bajo la poderosa mano de Dios, para que él os exalte cuando fuere tiempo; echando toda vuestra ansiedad sobre él, porque él tiene cuidado de vosotros.

1 Pedro 5:6–7

En el capítulo 3, escribí sobre Mateo 6:25–33 porque es un pasaje de tanta importancia para que podamos comprender y obedecer si queremos vivir en la paz del Señor. Jesús dijo algo más en dicho capítulo, en el último versículo. A modo de conclusión sobre todo lo antedicho acerca de no afanarse, Él dice: "Así que, no os afanéis por el día de mañana, porque el día de mañana traerá su afán. Basta a cada día su propio mal" (Mateo 6:34). En otras palabras, Jesús nos dice que ya tenemos bastante con los problemas de cada día, así que debemos afrontar los problemas a medida que se presenten, y no pensar en los problemas del día siguiente, la semana próxima, el mes próximo o el año próximo.

Reiteradas veces a lo largo de este libro, he mencionado la escritura que se encuentra en 1 Pedro 5:6–7, ya que creo firmemente que es otro pasaje de la Escritura que resulta de vital importancia para que sepamos y creamos si queremos gozar de una vida sin preocupaciones. En el presente capítulo, quisiera concentrarme no solo en la importancia de echar toda nuestra ansiedad sobre el Señor, sino también en algunas maneras específicas para lograrlo, mediante un mayor entendimiento de este versículo.

Uno de los primeros conceptos que necesitamos comprender es el significado del término *echar*. El mismo significa arrojar, soltar, levantar, enviar, despedir, empujar, expulsar o repeler (basado en las definiciones de W. E. Vine, Merrill Unger y William White Jr., *Vine Diccionario expositivo de palabras del Antiguo y del Nuevo Testamento exhaustivo* [Nashville: Thomas Nelson, Inc., 1984], "Sección Nuevo Testamento", pág. 91, s.v. "CAST" [echar], A. Verbos). Como podrá ver, los términos utilizados para describir el significado de "echar" son todos bastante contundentes.

En cierto modo, debemos tener una postura enérgica para echar nuestra ansiedad sobre el Señor. No podemos ser pasivos o tratar de depositar en Él nuestra ansiedad de forma dubitativa. Cuando nos sentimos preocupados, debemos abundar en nuestra fe y estar confiados en Dios. Necesitamos ser fuertes y valientes para soltar toda nuestra ansiedad sobre Dios con todas nuestras fuerzas, sabiendo que Él cuida de nosotros. El echar toda nuestra ansiedad sobre el Señor debería ser una decisión definitiva, y gozar de la paz de Dios debería ser indispensable. Debemos soltar todas nuestras ansiedades, cargas y preocupaciones con determinación y energía, sacándolas de manera intencional de nuestros corazones y mentes y echándolas sobre Dios con la fuerza en que un pescador experimentado arroja la red tan lejos como le sea posible. Al hacer esto, podemos descansar en la certeza de que Él se encargará de nuestras preocupaciones.

Una vez que comprendemos la fuerza del término *echar*, también resulta útil entender el significado de la palabra *ansiedad*. Estoy segura de que sabe con exactitud qué significa estar ansioso: es simplemente un estado de inquietud por algo que le importa. Sin embargo, también quisiera mencionar una definición con la que me encontré hace años. El término griego traducido como *ansiedad* en 1 Pedro 5:7 significa "atraer en diferentes direcciones, distraer" y por ello significa "aquello que cause esto, un afán, especialmente ansioso" (W. E. Vine, Merrill Unger y William White Jr., *Vine Diccionario expositivo de palabras del Antiguo y del Nuevo Testamento exhaustivo* [Nashville: Thomas Nelson, Inc., 1984], "Sección Nuevo Testamento", pág. 89, s.v. "CARE" [ansiedad] [nombre y verbo], "ANSIAR, ANSIEDAD, ANSIOSO", A. Nombres, 1).

¿Cuáles son las consecuencias de nuestra ansiedad? Nos distrae de nuestra comunión con Dios; del gozo, de la paz y del reposo que Él tiene para nosotros; y de su plan para nuestras vidas. Creo que el propósito del enemigo en lo que respecta a la ansiedad es provocar que perdamos nuestro enfoque de las cosas que Dios quiere que nos concentremos. Sin embargo, la Biblia nos dice claramente que busquemos a Dios, lo cual significa fijar nuestra atención en Él, sin permitir que nada ni nadie nos distraiga.

Pablo nos dice que echemos *toda* nuestra ansiedad sobre el Señor, no simplemente una parte. Si existe alguna situación que lo está distrayendo de su relación con Dios, causándole ansiedad; entonces, deposítela en Él con una determinación firme y no la vuelva a tomar. Rehúsese a permitirle al enemigo perturbar su comunión con Dios y llenar su mente con pensamientos de ansiedad sobre cualquier situación o circunstancia. Al hacerlo, será guiado de la preocupación a la paz.

En una nota al pie de página sobre 1 Pedro 5:7, de acuerdo con una traducción del Nuevo Testamento llamado Worrell (A. S. Worrell, *The Worrell New Testament* [Springfield, MO: Gospel Publishing House, 1980]), se nos brinda una visión clara y poderosa sobre este versículo. Con referencia a la primera parte del versículo, el cual Worrell lo interpreta como "Echando toda vuestra ansiedad sobre Él", la nota expresa lo siguiente:

> *El tiempo griego indica aquí una inmediata y completa entrega de la ansiedad de uno, de una vez y para siempre, sobre Dios. Esto, en un sentido, se realiza cuando uno hace una completa rendición de*

sí mismo y de todo lo suyo a Dios para que él lo gestione conforme a su voluntad. Cuando uno deposita toda la gestión de su vida en las manos de Dios, puede alcanzar el lugar donde toda ansiedad se va, a pesar de las pruebas externas que pueda tocarle vivir (pág. 352).

Podemos ver desde la perspectiva de Worrell que Dios quiere dirigir nuestra vida. Quiere gestionar nuestros asuntos por nosotros como una manera de bendecirnos. Pero muchas veces rechazamos su ayuda y tratamos de hacer las cosas por nuestra propia cuenta. Con frecuencia, el resultado es desastroso. Si deseamos experimentar la paz del Señor, debemos aprender a echar toda nuestra ansiedad sobre Él—entregarle con determinación todas las cosas que nos cargan y nos distraen—permanentemente y no temporariamente.

¿Puede imaginarse el alivio que sentiría si ya no tiene que llevar ninguna de las cargas que ahora parecen tan pesadas? ¿Puede comenzar a sentir la libertad de saber que hay alguien más ocupándose de sus problemas y preocupaciones, y tratándolos con excelencia, de la forma que será mejor para usted? Esto es lo que sucede cuando echa toda su ansiedad sobre el Señor, entendiendo y creyendo que Él en verdad tiene cuidado de usted.

CAPÍTULO 23

Acéptese a sí mismo

¡Ay del que pleitea con su Hacedor! ¡el tiesto con los tiestos de la tierra! ¿Dirá el barro al que lo labra: ¿Qué haces?; o tu obra: No tiene manos? ¡Ay del que dice al padre: ¿Por qué engendraste? y a la mujer: ¿Por qué diste a luz?! Así dice Jehová, el Santo de Israel, y su Formador: Preguntadme de las cosas por venir; mandadme acerca de mis hijos, y acerca de la obra de mis manos.

Isaías 45:9–11

La Biblia afirma que Dios es aquel que nos creó. Si comparamos nuestras vidas con el proceso de alfarería, Dios es el Alfarero y "nosotros barro" (Isaías 64:8). Él nos diseña, crea, moldea y nos da forma conforme a su buena voluntad. Pero a veces olvidamos cuán únicos y especiales somos. Nos frustramos a causa de alguna característica física o emocional. Incluso hasta a veces cuestionamos a Dios en voz alta o en la privacidad de nuestros pensamientos, y le preguntamos: "¿Por qué me hiciste así?".

Durante años, no me gustaba cómo era, la forma en la que Dios me había creado. No estaba contenta con mi personalidad fuerte, agresiva y atrevida.

Deseaba ser una persona dulce, dócil y tranquila, porque había aprendido que esta clase de personas no se mete en tantos problemas como aquellas que son ruidosas y agresivas.

Mi personalidad no era lo único que me desagradaba. La verdad es que no me gustaba nada sobre mí. A veces le preguntaba a Dios: "¿Por qué me creaste de este modo? ¿Por qué existen cosas que me molestan tanto cuando es tan fácil para Dave depositar su ansiedad en ti y reposar? ¿Por qué me diste una voz tan fuerte? ¿Por qué no podía tener una voz dulce y agradable como tienen las otras mujeres?".

Como mencioné anteriormente, echar toda ansiedad sobre el Señor era fácil para Dave, pero no era mi caso. Fue algo que tuve que aprender. Dave tenía una gracia especial para lograrlo, pero yo tenía que esforzarme para conseguirlo. Ahora también me resulta sencillo, y he aprendido algunas lecciones importantes en mi camino de la preocupación hacia la paz, la cual viene por dejar mis preocupaciones en Él. Asimismo, mi voz ha resultado ser una bendición, porque es única y capta la atención de las personas. Ni siquiera puedo contar todas las personas que me han contado que dejaron de cambiar los canales de la televisión o las frecuencias de la radio para escucharme enseñar la Palabra de Dios a causa del timbre único de mi voz.

Hace años, cuando oraba a Dios por la manera en la que me había creado, no entendía que Él tenía un propósito con cada una de las características con las que me formó. Todo lo que hacía era preguntar por qué no podía ser "normal", según mi concepto de normal en aquel momento. Tuve que aprender que solo porque era diferente a las personas que conocía, no era anormal, era simplemente única, al igual que usted.

¡Ay del que dice a Dios, ¿por qué me formaste de esta manera?! Pero Él es el Alfarero y nosotros el barro. Él nos forma y nos moldea como quiere a causa de su conocimiento infinito y de su plan para nuestras vidas. Dios conoce de antemano todas las cosas, pero nosotros solo descubrimos su plan al caminar en él con el paso del tiempo. Nuestra posición es confiar en Él.

Puede tomarnos años entender los detalles de por qué Dios nos formó de cierto modo, y en algunas ocasiones, podemos nunca llegar a comprenderlo. Confiar en Dios a veces requiere de algunas preguntas sin responder. Quizás no sepamos todas las respuestas, pero podemos aprender a contentarnos en saber que Dios sí las sabe. En 1 Corintios 13:12, Pablo escribe que existen cosas que solo conocemos en parte. No las podemos entender por completo. El alfarero tiene pleno derecho sobre el barro, para formar de la misma masa una vasija para usos honorables, distintivos y hermosos, y otra para usos deshonrosos, innobles o domésticos. El término *deshonroso* en este contexto, no se refiere a deshonroso a los ojos de Dios.

Quiere decir deshonroso a los ojos de aquellos que no comprenden el propósito de Dios. Existen aquellos que piensan que algunas personas son más honorables que otras y que ciertos tipos de trabajos son más honorables que otros; pero Dios nos ve a todos por igual y lo único importante para Él es que le sirvamos gozosamente en aquello por lo cual nos ha escogido para hacer.

A lo largo de los años, algunas personas han creído que mi trabajo es más importante que el de Dave porque soy quien está al frente con un micrófono y delante de las cámaras, mientras que Dave está entre bastidores. No obstante, cada uno fue puesto por Dios en el lugar que Él dispuso para nosotros. Estamos donde estamos porque Dios nos ha puesto allí. No pedí estar en un lugar de visibilidad, así como tampoco Dave pidió por un papel detrás de escena. Pero ambos aceptamos la función que Dios nos ha asignado y nos entregamos a Él para ser moldeados conforme a su voluntad y a su plan, no los nuestros. ¡Tanto su trabajo como el mío son igualmente importantes!

Todos debemos recordar que no importa la posición en la que Dios nos ha puesto, siempre y cuando funcionemos en el lugar para el cual nos ha creado, su gracia está con nosotros. Efesios 2:10 dice:

*Porque somos hechura suya, creados en Cristo Jesús
para buenas obras, las cuales Dios preparó de antemano para que anduviésemos en ellas.*

Si deseamos vivir en la paz del Señor, debemos
vernos a nosotros mismos como creación de Dios
y aceptar la manera en la cual nos ha formado, sabiendo que Él tiene un gran propósito para nuestras
vidas.

CAPÍTULO 24

Seis pasos hacia la paz

Por nada estéis afanosos, sino sean conocidas vuestras peticiones delante de Dios en toda oración y ruego, con acción de gracias. Y la paz de Dios, que sobrepasa todo entendimiento, guardará vuestros corazones y vuestros pensamientos en Cristo Jesús.

Filipenses 4:6–7

A veces, las personas creen que echar nuestra ansiedad sobre el Señor significa que no tenemos que hacer nada, excepto sentarnos y esperar a que Dios se manifieste en nuestras vidas. Si bien existen tiempos y circunstancias en los cuales esto puede ser cierto, Dios a menudo nos llama y espera que hagamos ciertas cosas mientras esperamos en Él. Una de ellas es cumplir con la responsabilidad que nos ha encomendado.

Existe una diferencia entre echar nuestra ansiedad sobre el Señor y tratar de dejar nuestra responsabilidad en sus manos. Muchas veces, echamos nuestras responsabilidades, pero mantenemos nuestra ansiedad, ¡exactamente lo opuesto a lo que Dios nos pide que hagamos! El hacer esto no nos conducirá a tener paz; sino que solo creará confusión. Si deseamos tener una vida sin preocupaciones, existen al menos seis pasos que podemos tomar; cada uno constituye una responsabilidad específica que debemos asumir como creyentes.

1. Confiar en Dios

Escribí extensamente sobre confiar en Dios en el capítulo 21, pero quisiera explayarme un poco más aquí. En Juan 6:28, los discípulos de Jesús le preguntan: "¿Qué debemos hacer para poner en práctica las obras de Dios?". En otras palabras, querían saber cuáles eran sus responsabilidades como seguidores de Cristo. Jesús les responde en Juan 6:29: "Ésta es la obra de Dios, que creáis en el que él ha enviado".

Las últimas palabras del versículo 29 no podrían ser más claras en término de nuestra primera responsabilidad como creyentes. Debemos ser inseparables, confiar, depender y tener fe en Dios. Todo ser humano tiene la capacidad de decidir, confiar en ellos mismos, sus propias ideas y sus fuerzas humanas; o confiar en Dios, en su perfecta sabiduría y en su poder ilimitado. Una vez que le recibimos como nuestro Señor y Salvador, debemos confiar plenamente en Él.

2. Orar sin preocuparnos

Todos nosotros podemos atravesar situaciones adversas en la vida. Quizás nos toque enfrentar una crisis en nuestra salud; ser desvinculados de un trabajo y, como resultado, afrontar problemas financieros; problemas con un hijo o un miembro de la familia o cualquier otra circunstancia que pueda hacernos sentir temerosos o abrumados. Como seres humanos, naturalmente nos preocupamos por situaciones semejantes. No obstante, como creyentes, tenemos la responsabilidad de presentar estas situaciones en oración, echar nuestra ansiedad sobre el Señor y *no* preocuparnos.

Cuando nos preocupamos, no estamos confiando en Dios—y la confianza constituye el primer paso para obtener su paz—. Si confiamos en Él con todo nuestro ser, podremos orar sobre nuestras circunstancias y luego estar confiados de que Él se encargará de las mismas de la mejor manera posible, en su tiempo perfecto. Cuando creemos esto, podemos orar y luego avanzar en nuestra vida con fe en vez de preocupación.

3. Evitar las obras de la carne

Cuando vamos más allá de nuestra responsabilidad de orar y no preocuparnos, entonces nuestras acciones pueden convertirse en obras de la carne. Ya no estamos orando en fe y confiando en el obrar de Dios. En cambio, oramos y luego nos involucramos en aquello que deberíamos dejar en las manos de Dios, en un intento por cambiar las situaciones con nuestros propios esfuerzos y energía.

Dios no está en contra del *trabajo*, sino en contra de las *obras*. El *trabajo* es hacer por la gracia de Dios lo que Él nos ha llamado a hacer. Es la inversión de nuestra energía y esfuerzo para ver que la voluntad de Dios se cumpla en nuestra vida. Pero el término *obra* significa hacer por nuestra propia fuerza y capacidad lo que queremos que sea hecho. Constituye la inversión de nuestra energía y esfuerzo en tratar de hacer que ocurra lo que solamente Dios puede lograr.

Algunas de las obras de la carne que nos alejan de la paz que Dios desea que tengamos incluyen: la preocupación, el razonamiento y tratar de manipular las circunstancias según nuestra voluntad y tiempo. El enemigo usa estas y otras obras de la carne para robarnos nuestra paz y gozo, porque quiere que vivamos preocupados, molestos y confundidos; mientras que Dios desea vernos llenos de satisfacción, paz y descanso.

Como mencioné en el capítulo 6, lo opuesto a las obras es la gracia. Si resistimos las obras de la carne y descansamos en Dios, Él hará todo lo que necesitamos en nuestras vidas.

4. Esperar en obediencia

El primer milagro registrado de Jesús tuvo lugar cuando Él asistió a la celebración de una boda. Cuando a la pareja se le acabó el vino para servir a sus invitados, la madre de Jesús, María, le pidió que hiciera algo al respecto. Luego, le dijo a los sirvientes: "Haced todo lo que os dijere" (Juan 2:5).

Jesús les ordenó que llenaran de agua varias tinajas grandes. Cuando lo hicieron, les mandó a sacar el agua de las mismas. Entonces, vieron que el agua se había convertido en vino, un vino mejor del que los anfitriones habían servido anteriormente. A causa de su obediencia y del milagro subsiguiente, la grandeza y el poder de Dios fueron manifestados, y los discípulos de Jesús aprendieron a confiar en Él (vea Juan 2:11).

Si necesita un milagro en su vida, asegúrese de estar obedeciendo aquello que Dios le mandó a hacer, y luego espere con paciencia, confiando en que verá su manifestación. Gálatas 6:9 dice: "No nos cansemos, pues, de hacer bien; porque a su tiempo segaremos, si no desmayamos".

A menudo, cuando las cosas no resultan según lo esperado o no obtenemos las respuestas tan rápido como quisiéramos, comenzamos a pensar, *¿Por qué debo continuar obedeciendo a Dios si no está funcionando?* En estas situaciones, debemos recordar que Dios está siempre obrando, y de acuerdo con Gálatas 6:9, al obedecer pacientemente siempre segaremos.

5. Continuar dando buenos frutos

En circunstancias cuando nos encontramos que tenemos que esperar en Dios por mucho más tiempo del que deseamos, debemos continuar dando buenos frutos. Debemos ser como un árbol plantado junto a las aguas, el cual extrae la fuerza y vida de su fuente porque echa sus raíces con profundidad en el suelo (vea Jeremías 17:8). Aun en tiempos de sequía (el cual puede simbolizar aquellos tiempos cuando no podemos ver el mover de Dios en nuestras vidas), dicho árbol continuará dando buenos frutos.

Cuando nos encontramos atravesando tiempos difíciles, a veces sentimos como que tenemos permiso para estar frustrados o con temor, e incluso con derecho a ser descortés con otras personas porque estamos bajo mucha presión. Esto no es cierto. La Biblia enseña que no debemos acceder a tales tendencias pecaminosas (vea Santiago 4:6). En cambio, continuar dando los buenos frutos del Espíritu: amor, gozo, paz, paciencia, benignidad, bondad, fe, mansedumbre y templanza (vea Gálatas 5:22–23).

6. Alabar a Dios

Hebreos 13:15 dice: "Así que, ofrezcamos siempre a Dios, por medio de él, sacrificio de alabanza, es decir, fruto de labios que confiesan su nombre". Esto es lo que tenemos que hacer cuando somos tentados a sentirnos ansiosos o preocupados. Mientras esperamos que Dios responda nuestras oraciones y que haga su obra en nuestras vidas, debemos hablar palabras de alabanza, la cuales brotan de un corazón agradecido y lleno de fe. Cuanto más le alabemos, más nos concentramos en su amor y bondad para con nosotros, y menos tiempo tendremos para pensar en nuestros problemas.

Sin importar lo que pueda suceder, nuestra responsabilidad como creyentes no es inquietarnos o tomar los asuntos en nuestras manos. En cambio, debemos confiar en Dios, orar sin preocuparnos, evitar las obras de la carne, permanecer obedientes, continuar dando buenos frutos y ofrecer sacrificio de alabanza en cada situación. No se afane por lo que no tiene, sino sea agradecido por las muchas bendiciones que sí tiene.

CONCLUSIÓN

Ahora que ha llegado al final de este libro, oro para que haya comenzado a vivir en un nuevo nivel de paz y que se encuentre experimentando lo que significa estar afanoso por nada. Cuanto mayor sea la paz en su corazón, más podrá disfrutar de su vida diaria.

La mayoría de las veces, cuando Dios comienza a cambiarnos, ese cambio se produce a lo largo de un período, mientras nos volvemos más y más establecidos en la verdad que nos hace libres. Creo con todo mi corazón que la única manera de experimentar los cambios y la paz duradera es conocer y vivir de acuerdo con la Palabra de Dios. A fin de concluir con este libro, quisiera recordarle varias escrituras, verdades de la Palabra de Dios que lo transformarán radicalmente al memorizarlas, meditar en ellas y ponerlas en práctica en su vida.

Por nada estéis afanosos, sino sean conocidas vuestras peticiones delante de Dios en toda oración y ruego, con acción de gracias. Y la paz de Dios, que sobrepasa todo entendimiento, guardará vuestros corazones y vuestros pensamientos en Cristo Jesús.

Filipenses 4:6–7

Humillaos, pues, bajo la poderosa mano de Dios, para que él os exalte cuando fuere tiempo; echando toda vuestra ansiedad sobre él, porque él tiene cuidado de vosotros.

1 Pedro 5:6–7

Así ha dicho Jehová: Maldito el varón que confía en el hombre, y pone carne por su brazo, y su corazón se aparta de Jehová...Bendito el varón que confía en Jehová, y cuya confianza es Jehová.

Jeremías 17:5–7

Estando persuadido de esto, que el que comenzó en vosotros la buena obra, la perfeccionará hasta el día de Jesucristo.

Filipenses 1:6

La paz os dejo, mi paz os doy; yo no os la doy como el mundo la da. No se turbe vuestro corazón, ni tenga miedo.

Juan 14:27

Venid a mí todos los que estáis trabajados y cargados, y yo os haré descansar. Llevad mi yugo sobre vosotros, y aprended de mí, que soy manso y humilde de corazón; y hallaréis descanso para vuestras almas.

Mateo 11:28–29

El que habita al abrigo del Altísimo Morará bajo la sombra del Omnipotente. Diré yo a Jehová: Esperanza mía, y castillo mío; Mi Dios, en quien confiaré.

Salmo 91:1–2

Fíate de Jehová de todo tu corazón, y no te apoyes en tu propia prudencia. Reconócelo en todos tus caminos, y él enderezará tus veredas.

Proverbios 3:5–6

Por tanto os digo: No os afanéis por vuestra vida, qué habéis de comer o qué habéis de beber; ni por vuestro cuerpo, qué habéis de vestir. ¿No es la vida más que el alimento, y el cuerpo más que el vestido?

Mateo 6:25

Mas buscad primeramente el reino de Dios y su justicia, y todas estas cosas os serán añadidas.

Mateo 4:33

ACERCA DE LA AUTORA

JOYCE MEYER es reconocida mundialmente por enseñar la Palabra de Dios de una manera práctica. Su programa de televisión y radio, *Disfrutando la vida diaria*, se transmite en cientos de redes de televisión y estaciones de radio en todo el mundo.

Es autora de más de cien libros inspiradores. Entre sus libros de éxitos de venta se destacan: *Pensamientos de poder*; *Mujer segura de sí misma*; *Luzca estupenda, siéntase fabulosa*; *Empezando tu día bien*; *Termina bien tu día*; *La Biblia de la vida diaria*; *Adicción a la aprobación*; *Cómo oír a Dios*; *Belleza en lugar de cenizas*; y *El campo de batalla de la mente*.

Joyce viaja constantemente para compartir el mensaje de Dios en sus conferencias a lo largo de todo el año y habla a miles de personas en todo el mundo.

JOYCE MEYER MINISTRIES

OFICINAS EN EE. UU. Y EN EL EXTERIOR

Joyce Meyer Ministries
P.O. Box 655
Fenton, MO 63026
USA (636) 349-0303
1-800-727-9673

Dirección de internet: www.joycemeyer.org

Por favor, incluya su testimonio o la ayuda recibida de este libro cuando escriba. Sus pedidos de oración son bienvenidos.

**Joyce Meyer
Ministries—Canadá**
P.O. Box 7700
Vancouver, BC V6B 4E2
Canada (800) 868-1002

**Joyce Meyer
Ministries—Australia**
Locked Bag 77
Mansfield Delivery Centre
Queensland 4122
Australia
+61 7 3349 1200

**Joyce Meyer
Ministries—Inglaterra**
P.O. Box 1549
Windsor SL4 1GT
United Kingdom
+44 1753 831102

**Joyce Meyer
Ministries—Sudáfrica**
P.O. Box 5
Cape Town 8000
South Africa
+27 21 701 1056

OTROS LIBROS
POR JOYCE MEYER

Pensamientos de poder
El poder secreto para declarar la Palabra de Dios
Usted puede comenzar de nuevo
El poder de la determinación
El poder de ser positivo
El poder del perdón
Nunca pierda la esperanza
Sea la persona que Dios diseñó
El gozo de la oración de fe
Sobrecarga

DEVOCIONALES

Battlefield of the Mind Devotional
[El campo de batalla de la mente—Devocional]
Closer to God Each Day [Cerca de Dios cada día]
The Confident Woman Devotional
[Mujer segura de sí misma—Devocional]
Termina bien tu día
Hearing from God Each Morning
[Escuchar a Dios cada mañana]
Love Out Loud [Ame con pasión]
New Day, New You [Nuevo día, nueva vida]
The Power of Being Thankful
[El poder de ser agradecido]
Pensamientos poderosos—Devocional
Empezando tu día bien
Trusting God Day by Day [Confiar en Dios cada día]